〔梁〕沈約 撰

點校本
二十四史
修訂本

宋書

第四册
卷三五至卷四一

中華書局

宋書卷三十五

志第二十五

州郡一

揚州　南徐州　徐州　南兗州　兗州

唐堯之世，置十有二牧，及禹平水土，更制九州，冀州堯都，土界廣遠，濟、河爲兗州，海、岱爲青州，海、岱及淮爲徐州，淮、海爲揚州，荊及衡陽爲荊州，荊、河爲豫州，華陽、黑水爲梁州，黑水、西河爲雍州。自虞至殷無所改變。周氏既有天下，以徐并青，以梁并雍，分冀州之地以爲幽、并。漢初又立徐、梁二州。武帝攘卻胡、越，開地斥境，南置交阯，北置朔方，改雍曰涼，改梁曰益，凡爲十三州，而司隸部三輔、三河諸郡。東京無復朔方，改交阯曰交州，凡十二州；司隸所部如故。及三國鼎跱，吴得揚、荊、交三州，蜀得益州，魏氏猶得九焉。吴又分交爲廣。魏末平蜀，又分益爲梁。晉武帝太康元年，天下一統，凡十有六州。後又分涼、雍爲秦，分荆、揚爲江，分益爲寧，分幽爲平，而爲二十矣。

自夷狄亂華，司、冀、雍、涼、青、并、兗、豫、幽、平諸州一時淪没，遺民南渡，並僑置牧司，非舊土也。江左又分荆爲湘，或離或合，凡有揚、荆、湘、江、梁、益、交、廣，其徐州則有過半，豫州唯得譙城而已。及至宋世，分揚州爲南徐，徐州爲南兗，揚州之江西悉屬豫州，分荆爲雍，分荆、湘爲郢，分荆爲司，分廣爲越，分青爲冀，分梁爲南北秦。太宗初，索虜南侵，青、冀、徐、兗及豫州淮西，並皆不守，自淮以北，化成虜庭。於是於鍾離置徐州，淮陰爲北兗，而青、冀二州治贛榆之縣。今志大較以大明八年爲正，其後分派，隨事記列。内史、侯、相，則以昇明末爲定焉。

地理參差，其詳難舉，寔由名號驟易，境土屢分，或一郡一縣，割成四五，四五之中，亟有離合，千回百改，巧曆不筭，尋校推求，未易精悉。今以班固馬彪二志、太康元康定户、王隱地道、晉世起居、永初郡國、何徐州郡及地理雜書，互相考覆。且三國無志，事出帝紀，雖立郡時見，而置縣不書。今唯以續漢郡國校太康地志，參伍異同，用相徵驗。自漢至宋，郡縣無移改者，則注云「漢舊」。其有回徙，隨源甄别。若唯云「某無」者，則此前皆有也。若不注置立，史闕也。

揚州刺史〔一〕，前漢刺史未有所治，它州同。後漢治歷陽，魏、晉治壽春，晉平吳治建業。成帝咸康四年，僑立魏郡，別見。領肥鄉、別見。元城漢舊縣，晉屬陽平。二縣〔二〕，後省元城。又僑立廣川郡，別見。領廣川一縣，宋初省爲縣，隸魏郡。江左又立高陽、別見。堂邑二郡，別見。高陽領北新城、別見。博陸博陸縣霍光所封，而二漢無，晉屬高陽。二縣，堂邑，領堂邑一縣，後省堂邑并高陽，又省高陽并魏郡，並隸揚州，寄治京邑。文帝元嘉十一年省，以其民併建康。孝建元年，分揚州之會稽、東陽、新安、永嘉、臨海五郡爲東揚州。大明三年罷州，以其地爲王畿，以南臺侍御史部諸郡，如從事之部傳焉，而東揚州直云揚州。八年，罷王畿，復立揚州，揚州還爲東揚州。前廢帝永光元年，省東揚州併揚州。順帝昇明三年，改揚州刺史曰牧〔三〕。領郡十，領縣八十。户一十四萬三千二百九十六，口一百四十五萬五千六百八十五〔四〕。

丹陽尹，秦鄣郡，治今吳興之故鄣縣。漢初屬吳國，吳王濞反敗，屬江都國。武帝元封二年，爲丹陽郡，治今宣城之宛陵縣。晉武帝太康二年，分丹陽爲宣城郡，治宛陵，而丹陽移治建業。元帝太興元年，改爲尹。領縣八。户四萬一千一十，口二十三萬七千三百四十一。

建康令，本秣陵縣。漢獻帝建安十六年置縣，孫權改秣陵爲建業。晉武帝平吴，還爲秣陵。太康三年，分秣陵之水北爲建業。愍帝即位，避帝諱，改爲建康。

秣陵令，其地本名金陵，秦始皇改。本治去京邑六十里，今故治邨是也。晉安帝義熙九年，移治京邑，在鬭場。恭帝元熙元年，省揚州府禁防參軍，縣移治其處。

丹楊令，漢舊縣。

江寧令，晉武帝太康元年，分秣陵立臨江縣。二年，更名。

永世令，吴分溧陽爲永平縣，晉武帝太康元年更名。惠帝世，度屬義興，尋復舊。義興又有平陵縣，董覽吴地誌云：「晉分永世〔五〕。」太康、永寧地誌並無，疑是江左立。文帝元嘉九年，以併永世、溧陽二縣。

溧陽令，漢舊縣。吴省爲屯田。晉武帝太康元年復立。

湖熟令，漢舊縣。吴省爲典農都尉。晉武帝太康元年復立。

句容令，漢舊縣。

會稽太守，秦立，治吴。漢順帝永建四年，分會稽爲吴郡，會稽移治山陰。領縣十。户五萬二千二百二十八，口三十四萬八千一十四。去京都水一千三百五十五，陸同。

山陰令〔六〕，漢舊縣。

永興令，漢舊餘暨縣，吳更名。

上虞令，漢舊縣。

餘姚令，漢舊縣。

剡令，漢舊縣。

諸暨令，漢舊縣〔七〕。

始寧令，何承天志，漢末分上虞立。賀續會稽記云：「順帝永建四年，分上虞南鄉立。」續漢志無。晉太康三年地志有。

句章令，漢舊縣。

鄮令〔八〕，漢舊縣。

鄞令，漢舊縣。

吳郡太守，分會稽立。孝武大明七年，度屬南徐，八年，復舊。領縣十二。户五萬四百八十八，口四十二萬四千八百一十二。去京都水六百七十，陸五百二十。

吳令，漢舊縣。

婁令，漢舊縣。

嘉興令，此地本名長水，秦改曰由拳。吳孫權黄龍三年〔九〕，由拳縣生嘉禾，改曰禾興。孫皓父名和，又改名曰嘉興。

海虞令，晉武帝太康四年，分吳縣之虞鄉立。

海鹽令，漢舊縣。吳記云：「本名武原鄉，秦以爲海鹽縣。」

鹽官令，漢舊縣〔一〇〕。吳記云：「鹽官本屬嘉興，吳立爲海昌都尉治，此後改爲縣。」非也。

錢唐令，漢舊縣。

富陽令，漢舊縣。本曰富春。孫權黄武四年，以爲東安郡〔一一〕，七年，省。晉簡文鄭太后諱「春」，孝武改曰富陽。

新城令，浙江西南名爲桐溪，吳立爲新城縣，後并桐廬。晉太康地志無。張勃云：「晉末立。」疑是太康末立，尋復省也。晉成帝咸和九年又立。

建德令，吳分富春立。

桐廬令，吳分富春立。

壽昌令，吳分富春立新昌縣，晉武帝太康元年更名。

吳興太守，孫皓寶鼎元年，分吳、丹陽立。領縣十。户四萬九千六百九，口三十一萬六千一百七十三。去京都水九百五十，陸五百七十。

烏程令，漢舊縣，先屬吳。

東遷令，晉武帝太康三年，分烏程立〔一三〕。後廢帝元徽四年，更名東安。順帝昇明元年復舊。

武康令，吳分烏程、餘杭立永安縣，晉武帝太康元年更名。

長城令，晉武帝太康三年，分烏程立。

原鄉令，漢靈帝中平二年，分故鄣立。

故鄣令，漢舊縣，先屬丹陽。

安吉令，漢靈帝中平二年，分故鄣立。

餘杭令，漢舊縣，先屬吳。

臨安令，吳分餘杭爲臨水縣，晉武帝太康元年更名。

於潛令，漢舊縣，先屬丹陽。

淮南太守，秦立爲九江郡，兼得廬江豫章。漢高帝四年，更名淮南國，分立豫章郡，文帝又分爲廬江郡。武帝元狩元年，復爲九江郡，治壽春縣。後漢徙治陰陵縣。魏復曰淮南，徙治壽春。晉武帝太康元年，復立歷陽、別見。當塗、逡道諸縣，二年，復立鍾離縣，別見。並二漢舊縣也。三國時，江淮爲戰爭之地，其間不居者各數百里，此諸縣並在江北淮南，虚其地，無復民户。吴平，民各還本，故復立焉。其後中原亂，胡寇屢南侵，淮南民多南度。成帝初，蘇峻、祖約爲亂於江淮，胡寇又大至，民南度江者轉多，乃於江南僑立淮南郡及諸縣，晉末遂割丹陽之于湖縣爲淮南境。宋孝武大明六年，以淮南郡併宣城，宣城郡徙治于湖。八年，復立淮南郡，屬南豫州。明帝泰始三年，還屬揚州。領縣六。户五千三百六十二，口二萬五千八百四十。去京都水一百七十，陸一百四十。

于湖令，晉武帝太康二年，分丹楊縣立，本吴督農校尉治。

當塗令，晉成帝世，與逡道俱立爲僑縣，晉末分于湖爲境。

繁昌令，漢舊名，本屬潁川。魏分潁川爲襄城，又屬焉。晉亂，省襄城郡〔一三〕，以此縣屬淮南，割于湖爲境。

襄垣令，其地本蕪湖，蕪湖縣，漢舊縣。至于晉末，立襄垣縣，屬上黨。上黨民南過江，立僑郡縣，寄治蕪湖，後省上黨郡爲縣，屬淮南。文帝元嘉九年，省上黨縣併襄垣。

定陵令，漢舊名，本屬襄城，後割蕪湖爲境。

逡道令，漢作逡遒，晉作逡道〔一四〕，後分蕪湖爲境。

宣城太守，晉武帝太康元年，分丹陽立〔一五〕。領縣十。户一萬一百二十，口四萬七千九百九十二。去京都水五百八十，陸五百。

宛陵令，漢舊縣。

廣德令，何志云：「漢舊縣。」二漢志並無，疑是吴所立。

懷安令，吴立。

寧國令，吴立。

宣城令，漢舊縣。

安吴令，吴立。

涇令，漢舊縣。

臨城令，吴立。

廣陽令，漢舊縣曰陵陽，子明得仙於此縣山，故以爲名。晉成帝杜皇后諱「陵」，咸康四年更名。

石城令，漢舊縣。

東陽太守，本會稽西部都尉，吴孫晧寶鼎元年立。領縣九。户一萬六千二十二，口一十萬七千九百六十五。去京都水一千七百，陸同。

長山令，漢獻帝初平二年，分烏傷立。

太末令，漢舊縣。

烏傷令〔一六〕。

永康令，赤烏八年分烏傷上浦立。

信安令，漢獻帝初平三年，分太末立曰新安。晉武帝太康元年更名。

吴寧令，漢獻帝興平二年，孫氏分諸暨立。

豐安令，漢獻帝興平二年，孫氏分諸暨立〔一七〕。

定陽令，漢獻帝建安二十三年，孫氏分信安立。

遂昌令，孫權赤烏二年，分太末立曰平昌。晉武帝太康元年更名。

臨海太守，本會稽東部都尉。前漢都尉治鄞，後漢分會稽爲吴郡，疑是都尉徙治章安也。孫亮太平二年立。領縣五。户三千九百六十一，口二萬四千二百二十六。去京都水二千一十九，陸同。

章安令，續漢志：「故冶，閩中地〔一八〕，光武更名。」晉太康記：「本鄞縣南之回浦鄉，漢章帝章和中立。」未詳孰是。

臨海令，吴分章安立。

始豐令，吴立曰始平，晉武帝太康元年更名。

寧海令，何志，漢舊縣。按二漢志、晉太康地志無〔一九〕。

樂安令，晉康帝分始豐立。

永嘉太守，晉明帝太寧元年，分臨海立。領縣五。户六千二百五十，口三萬六千六百八十。去京都水二千八百，陸二千六百四十。

永寧令，漢順帝永建四年，分章安東甌鄉立，或云順帝永和三年立。

安固令，吴立曰羅陽，孫晧改曰安陽。晉武帝太康元年更名。

松陽令，吴立。

樂成令，晉孝武寧康三年，分永寧立。

横陽令，晉武帝太康四年，以横萸船屯爲始陽，仍復更名。

新安太守，漢獻帝建安十三年，孫權分丹陽立曰新都，晉武帝太康元年更名。領縣五。户一萬二千五十八，口三萬六千六百五十一。去京都水一千八百六十，陸一千八百。

始新令，孫權分歙立。

遂安令，孫權分歙爲新定縣，晉武帝太康元年更名。

歙令，漢舊縣。

海寧令，孫權分歙爲休陽縣，晉武帝太康元年更名。分歙置諸縣之始，又分置黎陽縣，大明八年，省併海寧。

黟令，漢舊縣。

南徐州刺史，晉永嘉大亂，幽、冀、青、并、兗州及徐州之淮北流民，相率過淮，亦有過江在晉陵郡界者。晉成帝咸和四年，司空郗鑒又徙流民之在淮南者於晉陵諸縣，其徙過江南及留在江北者，並立僑郡縣以司牧之。徐、兗二州或治江北，江北又僑立幽、冀、青、并四州。安帝義熙七年，始分淮北爲北徐，淮南猶爲徐州。後又以幽、冀合徐，青、并合兗。武帝永初二年，加徐州曰南徐，而淮北但曰徐。文帝元嘉八年，更以江北爲南兗州，江南爲南徐州，治京口，割揚州之晉陵、兗州之九郡僑在江南者屬焉，故南徐州備有徐、兗、幽、冀、青、并、揚七州郡邑。永初二年郡國志又有南沛、南下邳、廣平、廣陵、盱眙、鍾離、海陵、山陽八郡〔二〇〕。南沛、廣陵、海陵、山陽、盱眙、鍾離割屬南兗〔二一〕，南下邳併南彭城，廣平併南泰山。今領郡十七，縣六十三〔二二〕。户七萬二千四百七十二，口四十二萬六百四十。去京都水二百四十，陸二百。

南東海太守，東海郡別見。晉元帝初，割吳郡海虞縣之北境爲東海郡，立郯、朐、利城三縣，而祝其、襄賁等縣寄治曲阿。穆帝永和中，郡移出京口，郯等三縣亦寄治於京。文帝元嘉八年立南徐，以東海爲治下郡，以丹徒屬焉。郯、利城並爲實土。永初郡國有襄賁、別見。祝其、厚丘、並漢舊名。西隰何江左立。四縣，文帝元嘉十二年，省厚丘併襄賁。何、徐無厚丘，餘與永初郡國同。其襄賁、祝其、西隰，是徐志後所省也。領縣六〔二三〕。户五千三百四十二，口三萬三千六百五十八。

郯令，漢舊名。文帝元嘉八年，分丹徒之峴西爲境。

丹徒令，本屬晉陵，古名朱方，後名谷陽，秦改曰丹徒。孫權嘉禾三年，改曰武進。晉武帝太康三年，復曰丹徒。

武進令，晉武帝太康二年，分丹徒、曲阿立，毗陵〔二四〕，宋孝武大明末，度屬此。

朐令，漢舊名。晉江左僑立。宋孝武世，分郯西界爲土。

利城令，漢舊名。晉江左僑立。宋文帝世，與郡俱爲實土。

南琅邪太守，琅邪郡別見。晉亂，琅邪國人隨元帝過江千餘户，太興三年，立懷德縣。丹陽雖有琅邪相而無土地〔二五〕。成帝咸康元年，桓温領郡，鎮江乘之蒲洲金城上，求割丹陽之江乘縣境立郡，又分江乘地立臨沂縣。永初郡國有陽都、前漢屬城陽，後漢、晉太康地志屬琅邪〔二六〕。費、即丘並别見。三縣，並割臨沂及建康爲土。費縣治宮城之北。元嘉八年，省即丘併陽都。十五年，省費併建康、臨沂。孝武大明五年，省陽都併臨沂。今領縣二。户二千七百八十九，口一萬八千六百九十七。去州水二百，陸一百。去京都水一百六十。

臨沂令，漢舊名。前漢屬東海，後漢、晉屬琅邪。

江乘令，漢舊縣。本屬丹陽，吴省爲典農都尉。晉武帝太康元年復立。

晉陵太守，吴時分吴郡無錫以西爲毗陵典農校尉。晉武帝太康二年，省校尉，立以爲毗陵郡，治丹徒，後復還毗陵。東海王越世子名毗，而東海國故食毗陵，永嘉五年，元帝改爲晉陵〔二七〕。始自毗陵徙治丹徒。太興初，郡及丹徒縣悉治京口，郗鑒復徙還丹徒，安帝義熙九年，復還晉陵。本屬揚州，文帝元嘉八年，度屬南徐。領縣六。户一萬五千三百八十二，口八萬一百一十三。去州水一百七十五，陸同。去京都水四百，陸同。

晉陵令，本名延陵，漢改曰毗陵，後與郡俱改。

延陵令，晉武帝太康二年，分曲阿之延陵鄉立。

無錫令，漢舊縣。吴省，晉武帝太康元年復立。

南沙令，本吴縣司鹽都尉署。吴時名沙中。吴平後，立暨陽縣割屬之。晉成帝咸康七年，罷鹽署，立以爲南沙縣。

曲阿令，本名雲陽，秦始皇改曰曲阿。吴嘉禾三年，復曰雲陽。晉武帝太康二年，復曰曲阿。

暨陽令，晉武帝太康二年，分無錫、毗陵立。

義興太守，晉惠帝永興元年，分吴興之陽羨、丹陽之永世立。永世尋還丹陽。本揚州，明帝泰始四年，度南徐。領縣五。户一萬三千四百九十六，口八萬九千五百二十五。去州水四百，陸同。去都水四百九十〔二八〕，陸同。

陽羨令，漢舊縣。

臨津令，故屬陽羨，立郡分立。

義鄉令，故屬長城、陽羨，立郡分立。

國山令，故屬陽羨，立郡分立。

綏安令，武帝永初三年，分宣城之廣德、吴興之故鄣、長城及陽羨、義鄉五縣立。

南蘭陵太守，蘭陵郡别見。領縣二。户一千五百九十三，口一萬六百三十四。

蘭陵令。别見。

承令，别見。文帝元嘉十二年，以合鄉縣併承。永初郡國、何、徐並無合鄉縣。

南東莞太守，東莞郡別見。永初郡國又有蓋縣。別見。領縣三。户一千四百二十四，口九千八百五十四。

莒令。別見。

東莞令，別見。文帝元嘉十二年，以蓋縣併此。

姑幕令，漢舊名。

臨淮太守，漢武帝元狩六年立。光武以併東海。明帝永平十五年，復分臨淮之故地爲下邳郡。晉武帝太康元年，復分下邳之淮南爲臨淮郡，治盱眙。江左僑立。永初郡國又有盱眙縣，何、徐無。領縣七。户三千七百一十一，口二萬二千八百八十六。

海西令，前漢屬東海，後漢、晉屬廣陵。

射陽令，前漢屬臨淮，後漢屬廣陵，三國時廢，晉武帝太康元年復立。

淩令，前漢屬泗水〔二九〕，後漢屬廣陵，三國時廢，晉武帝太康二年又立，屬廣陵。

淮浦令，前漢屬臨淮，後漢屬下邳，晉太康地志屬廣陵。

淮陰令，前漢屬臨淮，後漢屬下邳，晉太康地志屬廣陵。

東陽令，前漢屬臨淮，後漢屬廣陵，晉太康地志屬臨淮。

長樂令，本長樂郡，別見。并合爲縣。

淮陵太守，本淮陵縣，前漢屬臨淮，後漢屬下邳，晉屬臨淮，惠帝永寧元年，以爲淮陵國。永初郡國又有下相、前漢屬臨淮，後漢屬下邳，晉太康地志屬臨淮。廣陽廣陽，漢高立爲燕國，昭帝更名。光武省併上谷，和帝永元八年復立。魏、晉復爲燕國。前漢廣陽縣，後漢無，晉復有此也。二縣。今領縣三。户一千九百五，口一萬六百三十。

司吾令，前漢屬東海，後漢屬下邳，晉太康地志屬臨淮〔三〇〕。後廢帝元徽五年五月，改名桐梧，順帝昇明元年復舊。

徐令，前漢屬臨淮，後漢屬下邳，晉太康地志屬臨淮。

陽樂令，漢舊名，本屬遼西。文帝元嘉十三年，以下相併陽樂。

南彭城太守，彭城郡別見。江左僑立。晉明帝又立南下邳郡，成帝又立南沛郡。文帝元嘉中，分南沛爲北沛，屬南兗，而南沛猶屬南徐。孝武大明四年，以二郡並併南彭城。領縣十二〔三一〕。户一萬一千七百五十八，口六萬八千一百六十三。

吕令。别見。

武原令，漢舊名。

傅陽令，漢舊名。

蕃令，别見。義旗初，免軍户立遂誠縣，武帝永初元年，改從舊名。

薛令，別見。義旗初，免軍户爲建熙縣，永初元年，改從舊名。

開陽令，前漢屬東海，章帝建初五年屬琅邪。晉僑立，猶屬琅邪，安帝度屬彭城。

杼秋令，漢舊名。

汶令，前漢屬梁，後漢、晉屬沛。

下邳令，別見。本屬南下邳。

北淩令〔三〕，本屬南下邳，二漢無，晉太康地志屬下邳，本名淩。而廣陵郡舊有淩縣，晉武帝太康二年，以下邳之淩縣非舊土而同名，改爲北淩。

僮令，別見。本屬南下邳。南下邳有良城縣，別見。文帝元嘉十二年併僮。

南清河太守，清河郡別見。領縣四。户一千八百四十九，口七千四百四。

清河令。別見。

東武城令。別見。

繹幕令。別見。

貝丘令。別見。

南高平太守，高平郡別見。永初郡國又有鉅野、昌邑二縣。並漢舊名。今領縣三。户一千七百一十八，口九千七百三十一。

金鄉令。別見。

湖陸令，前漢曰湖陵，漢章帝更名。

高平令。別見。文帝元嘉十八年，以鉅野併高平。

南平昌太守，平昌郡別見。領縣四。户二千一百七十八，口一萬一千七百四十一。

安丘令。別見。

新樂令，二漢無，魏分平原爲樂陵郡，屬冀州，而新樂縣屬焉。晉江左立樂陵郡及諸縣，後省，以新樂縣屬此。

東武令。別見。

高密令，別見。江左立高密國，後爲南高密郡。文帝元嘉十八年，省爲高密縣，屬此。

南濟陰太守，二漢、晉屬兗州，前漢初屬梁國，景帝中六年〔三三〕，别爲濟陰國，宣帝甘露二年，更名定陶國，後還曰濟陰。永初郡國又有句陽、定陶二縣。並漢舊名。今領縣四。户一千六百五十五，口八千一百九十三。

城武令。別見。

冤句令，漢舊名。

單父令，前漢屬山陽。

城陽令，漢舊名。

南濮陽太守，本東郡，屬兗州，晉武帝咸寧二年，以封子允，以東不可爲國名，東郡有濮陽縣，故曰濮陽國。濮陽，漢舊名也。允改封淮南，還曰東郡。趙王倫篡位，廢太孫臧爲濮陽王，王尋廢，郡名遂不改。永初郡國又有鄄城縣。二漢屬濟陰，晉太康地志屬濮陽也。今領縣二。户二千二十六，口八千二百三十九。

廩丘令，前漢及晉太康地志有廩丘縣，後漢無。文帝元嘉十二年，以鄄城併廩丘。

榆次令，漢舊名，至晉屬太原。

南泰山太守，泰山郡别見。永初郡國有廣平，漢武帝征和二年，立爲平干國。宣帝五鳳二年，改爲廣平。光武建武十三年，省併鉅鹿。魏分鉅鹿、魏郡復爲廣平。江左僑立郡，晉成帝咸康四年省，後又立〔三四〕。寄治丹徒，領廣平、易陽、易陽，二漢屬趙，晉太康地志屬廣平。曲周前漢屬廣平，作曲周。後漢屬鉅鹿。晉太康地志屬廣平，作曲梁〔三五〕。三縣。文帝元嘉十八年〔三六〕，省廣平郡爲廣平縣，屬南泰山。今領縣三。户二千四百九十九，口一萬三千六百。

南城令。别見。

二。

武陽令。別見。

廣平令，前漢屬廣平，後漢屬鉅鹿，晉太康地志屬廣平。

濟陽太守，晉惠分陳留爲濟陽國。領縣二。户一千二百三十二，口八千一百九十二。

考城令，前漢曰甾〔三七〕，屬梁國，章帝更名，屬陳留。太康地志無。

鄄城令。別見。

南魯郡太守，魯郡別見。又有樊縣。前漢屬東平，後漢、晉太康地志屬任城也。今領縣二〔三八〕。户一千二百一十一，口六千八百一十八。

魯令。別見。

西安令，漢舊名，本屬齊郡。齊郡過江僑立，後省，以西安配此。文帝元嘉十八年，以樊併西安。永初郡國無西安縣。

徐州刺史，後漢治東海郯縣，魏、晉、宋治彭城。明帝世，淮北没寇，僑立徐州，治鍾離。泰豫元年，移治東海朐〔三九〕。後廢帝元徽元年，分南兗州之鍾離、豫州之馬頭，又分秦郡之頓丘、梁郡之穀熟、歷陽之酇，立新昌郡，置徐州，還治鍾離。今先列徐州舊郡於前，以新割係。舊領郡十二，縣三十四。户二萬三千四百八十五，口十七萬五千九百六十七。今領郡三〔四〇〕，縣九。彭城去京都水一千三百六十，陸一千。

彭城太守，漢高立爲楚國，宣帝地節元年，改爲彭城郡，黄龍元年，又爲楚國，章帝還爲彭城。領縣五。户八千六百二十七，口四萬一千二百三十一。

彭城令，漢縣〔四一〕。

吕令，漢舊縣。

蕃令，漢舊縣，屬魯。晉惠帝元康中度。蕃音皮。漢末太傅陳蕃子逸爲魯相，改音。

薛令，漢舊縣，屬魯。晉惠帝元康中度。

留令，漢舊縣。

沛郡太守，秦泗水郡，漢高更名。舊屬豫州，江左改配。領縣三。户五千二百九，口二萬五千一百七十。去州陸六十。去京都一千。

蕭令，漢舊縣。

相令，漢舊縣。

沛令，漢舊縣。

下邳太守，前漢本臨淮郡，武帝立，明帝改爲下邳。晉武帝分下邳之淮南爲臨淮，而下邳如故。領縣三。户三千九十九，口一萬六千八十八。去州水二百，陸一百八十。去京都水一千一百六十，陸八百。

下邳令，前漢屬東海，後漢、晉太康地志屬下邳。

良成令，前漢屬東海，後漢、晉太康地志屬下邳。

僮令，前漢屬臨淮，後漢、晉太康地志屬下邳。

蘭陵太守，晉惠帝元康元年，分東海立。領縣三。户三千一百六十四，口一萬四千五百九十七。去州陸二百。去京都水一千六百，陸一千三百。

昌慮令，漢舊縣。

承令，漢舊縣。

合鄉令，漢舊縣。

東海太守，秦郯郡，漢高更名。明帝失淮北，僑立青州於贛榆縣。泰始七年，又立東海縣屬東海郡，又割贛榆置鬱縣，立西海郡，並隸僑青州。領縣二。户二千四百一十一，口一萬三千九百四十一。去州水一千，陸八百。去京都水一千，陸六百七十。

襄賁令，漢舊縣。

贛榆令，前漢屬琅邪，後漢屬東海。魏省，晉武帝太康元年復立。

東莞太守，晉武帝泰始元年，分琅邪立。咸寧三年，復以合琅邪，太康十年復立。領縣三。户八百八十七，口七千三百二十。去州陸七百。去京都水二千，陸一千四百。

莒令，前漢屬城陽，後漢屬琅邪。孝武大明五年改爲長。

諸令，前漢屬城陽，後漢屬琅邪，晉太康地志屬城陽。

東莞令，漢舊縣。

東安太守，東安故縣名，前漢屬城陽，後漢屬琅邪，晉太康地志屬東莞，晉惠帝分東莞立。領縣三。户一千二百八十五，口一萬七百五十五。去州陸七百。去京都陸一千三百。

蓋令〔四二〕，前漢屬琅邪，後漢屬泰山，晉太康地志屬樂安。孝武大明五年改爲長。

新泰令，魏立，屬泰山。

發干令，漢舊名，屬東郡，太康地志無。江左來配。

琅邪太守，秦立。領縣二。户一千八百一十八，口八千二百四十三。去州陸四百。去京都水一千五百，陸一千一百。

費令，前漢屬東海，後漢屬泰山，晉太康地志屬琅邪。

即丘令，前漢屬東海，後漢、晉太康地志屬琅邪。

淮陽太守，晉安帝義熙中土斷立。領縣四。户二千八百五十五，口一萬五千三百六十三。去州水六百，陸五百。去京都水七百，陸五百五十。

角城令〔四三〕，晉安帝義熙中土斷立。

晉寧令，故屬濟岷，流寓來配。

宿預令，晉安帝立。

上黨令，本流寓郡，併省來配。

陽平太守，陽平本縣名，屬東郡。魏分東郡及魏郡爲陽平郡。故屬司州，流寓來配。

永初郡國又有廪丘縣。別置。今領縣三。户一千七百二十五，口一萬三千三百三十。

館陶令，漢舊名。

陽平令，漢舊名。

濮陽令，本流寓郡，併省來配。

濟陰太守，漢景帝立，屬兗州。流寓徐土，因割地爲境。領縣三。户二千三百五，口一萬一千九百二十八。

睢陵令，前漢屬臨淮，後漢屬下邳。孝武大明元年度。

定陶令，漢舊名。孝武大明五年改爲長。

頓丘令，屬頓丘，流寓割配。

北濟陰太守，孝武孝建元年昇立〔四四〕。領縣三。户九百二十七，口三千八百十。

城武令，前漢屬山陽，後漢、晉太康地志屬濟陰。

豐令，漢舊名，屬沛。孝武大明元年復立。

離狐令，前漢屬東郡，後漢、晉太康地志屬濟陰。

鍾離太守，本屬南兗州，晉安帝分立。案漢九江郡、晉淮南郡有鍾離縣，即此地也。領縣三。户三千二百七十二，口一萬七千八百三十二。去京都陸六百二十，水一千三十。

燕縣令，別見。故屬東燕。流寓因配。

朝歌令，本屬河内，晉武帝分河内爲汲，又屬焉。流寓因配。

樂平令，前漢曰清，屬東郡，章帝更名，晉太康地志無。流寓因配。

馬頭太守，屬南豫州，故淮南當塗縣地，晉安帝立，因山形立名。領縣三。户一千三百三十二，口一萬二千三百一十。去京都水一千七百五十，陸六百七十。

虞縣令，漢舊名，屬梁郡。流寓因配。

零縣令，晉安帝立。

濟陽令，故屬濟陽。流寓因配。

新昌太守〔四五〕，後廢帝元徽元年立。

頓丘令，二漢屬東郡，魏屬陽平，晉武帝泰始二年，分淮陽置頓丘郡，頓丘縣又屬焉。江左流寓立，屬秦。先有沛縣，元嘉八年併頓丘，後廢帝元徽元年度屬此。

穀熟令，前漢無，後漢、晉屬梁。永初郡國、何、徐志並屬南梁。後廢帝元徽元年度。

酇令〔四六〕，漢屬沛，晉屬譙。文帝元嘉八年，自南譙度屬歷陽，後廢帝元徽元年度屬此。

南兗州刺史，中原亂，北州流民多南渡，晉成帝立南兗州，寄治京口。時又立南青州及并州，武帝永初元年，省并併南兗〔四七〕。文帝元嘉八年，始割江淮間爲境，治廣陵。永初郡國領十四郡。南高平、南平昌、南濟陰、南濮陽、南泰山、濟陽、南魯七郡〔四八〕，今並屬徐州。又有東燕郡，江左分濮陽所立也，領燕縣、前漢曰南燕，後漢曰燕，並屬東郡。太康地志屬濮陽。白馬、平昌、考城凡四縣。文帝元嘉十八年，省考城併燕。十九年，省東燕郡爲東燕縣，屬南濮陽，後又省東燕縣〔四九〕。南東平郡領范、蛇丘、歷城凡三縣。高密郡領淳于、黔陬、營陵、夷安凡四縣。南齊郡領西安、臨菑凡二縣〔五〇〕。南平原郡領平原、高唐、茌平並別見。凡三縣。濟岷郡江左立。領營城、晉寧江左立。凡二縣。雁門郡漢舊郡。領樓煩、別見。陰館、前漢作「觀」，後漢、晉作「館」也。廣武、前漢屬太原，後漢、晉太康地志屬雁門也。崞、馬邑並漢舊名。凡五縣。凡七郡，二十三縣，並省屬南徐州。諸僑郡縣何志又有鍾離、雁門、平原、東平、北沛五郡。鍾離今屬徐州。雁門領樓煩、陰館、廣武三縣。平原領茌平、臨菑、營城、平原四縣。東平領范、朝陽、歷城三縣〔五一〕。北沛領符離、蕭、相、沛四縣〔五二〕。符離，漢舊縣。餘並別見。凡十四縣。起居注，元嘉十一年，以南兗州東平之平陸併范，壽張併朝陽，平原之濟岷、晉寧併營城，先是省濟岷郡爲縣。高唐併茌平〔五三〕。按此五縣，元嘉十一年所省，則平陸、壽張疑在永初郡國志，而無此二縣，未詳。徐志有南東平郡，領范、朝陽、歷城、樓煩、陰觀、廣武、茌平、營城、臨菑、平原十縣，則是雁門、平原併東平也。孝武大明五年，以東平併廣陵。宋又僑立新平、北淮陽、北濟陰、北下邳、東莞五郡〔五四〕。元嘉二十八年，南兗州徙治盱眙。三十年，省南兗州併南徐，其後復立，還治廣陵。徐志領郡九，縣三十九。户三萬一千一百一十五，口十五萬九千三百六十二。宋末領郡十一，縣四十四。去京都水二百五十，陸一百八十。

廣陵太守，漢高六年立，屬荆國，十一年，更屬吴，景帝四年，更名江都國，武帝元狩三年，更名廣陵。舊屬徐州。晉武帝太康三年，治淮陰故城，後又治射陽，射陽別見。江左治廣陵。永初郡國又有輿、前漢屬臨淮，後漢省臨淮屬廣陵，文帝元嘉十三年并江都也。肥如、潞、真定、新市五縣〔五五〕。並二漢舊名。肥如屬遼西，潞屬上黨，真定前漢屬真定，後漢省真定屬常山，晉亦屬常山。新市二漢、晉屬中山〔五六〕。永初郡國云四縣本屬遼西，則是晉末遼西僑郡省併廣陵也。何有肥如、新市，徐與今同也。今領縣四。户七千七百四十四，口四萬五千六百一十三。

廣陵令，漢舊縣。

海陵令，前漢屬臨淮，後漢、晉屬廣陵，三國時廢，晉武帝太康元年復立。

高郵令，漢舊縣。三國時廢，晉武帝太康元年復立。

江都令，漢舊縣。三國時廢，晉武帝太康六年復立。江左又省併輿縣，元嘉十三年復立，以併江都。

海陵太守，晉安帝分廣陵立。永初郡國屬徐州。領縣六〔五七〕。户三千六百二十六，口二萬一千六百六十。去州水一百三十，陸同。去京都水三百九十，陸同。

建陵令，晉安帝立。

臨江令，晉安帝立。

如皋令，晉安帝立。

寧海令，晉安帝立。

蒲濤令，晉安帝立。

臨澤令，明帝泰豫元年立〔五八〕。

山陽太守，晉安帝義熙中土斷分廣陵立。案漢景帝分梁爲山陽，非此郡也。永初郡國屬徐州。領縣四。户二千八百一十四，口二萬二千四百七十。去州水三百，陸同。去京都水五百，陸同。

山陽令，射陽縣境，地名山陽，與郡俱立。

鹽城令，舊曰鹽瀆，前漢屬臨淮，後漢、晉屬廣陵，三國時廢，晉武帝太康二年復立。晉安帝更名。

東城令，晉安帝立。

左鄉令，晉安帝立。

盱眙太守，盱眙本縣名，前漢屬臨淮，後漢屬下邳，晉屬臨淮，晉安帝分立。領縣五。户一千五百一十八，口六千八百二十五。去州水四百九十，陸二百九。去京都水七百，陸五百。

考城令。別見。

陽城令，晉安帝立。

直瀆令，晉安帝立。

信都令，信都雖漢舊名，其地非也。地在河北。宋末立。

睢陵令，前漢屬臨淮，後漢屬下邳，晉太康地志無。宋末立。

秦郡太守，晉武帝分扶風爲秦國，中原亂，其民南流，寄居堂邑。堂邑本爲縣，前漢屬臨淮，後漢屬廣陵，晉又屬臨淮，晉惠帝永興元年，分臨淮淮陵立堂邑郡，安帝改堂邑爲秦郡。永初郡國屬豫州，元嘉八年度南兗。永初郡國又領臨塗、晉、宋立。平丘、漢舊，屬陳留，晉太康地志無。外黃、漢舊名，屬陳留。沛、雍丘、浚儀、頓丘別見。凡七縣。何無雍丘、外黃、平丘、沛，徐又無浚儀。元嘉八年，以沛併頓丘。後廢帝元徽元年，割頓丘屬新昌。領縣四。户三千三百三十三，口一萬五千二百九十六。去州水二百四十一，陸一百八十。去京都水一百五十，陸一百四十。

秦令，本屬秦國，流寓立。文帝元嘉八年，以臨塗併秦，以外黃併浚儀。孝武孝建元年，以浚儀併秦。

義成令，江左立。

尉氏令，漢舊名，屬陳留。文帝元嘉八年，以平丘併尉氏。

懷德令，孝武大明五年立。又以歷陽之烏江，并此爲二縣，立臨江郡。前廢帝永光元年，省臨江郡。懷德即住郡治，烏江還本也。

南沛太守，沛郡別見。何志云，北沛新立。徐云南沛。永初郡國又有符離、洨，並別見。竹邑、前漢曰竹。李奇曰，今邑也。後漢曰竹邑。至晉並屬沛。杼秋前漢屬梁，後漢、晉太康地志屬沛。四縣。杼秋治無錫，餘並治廣陵。文帝元嘉十二年，以北沛郡竹邑并杼秋，何、徐並無此二縣，不詳。起居注，孝武大明五年，分廣陵爲沛郡，治肥如縣。時無復肥如縣，當是肥如故縣處也。二漢、晉太康地志並無肥如縣。沛郡宜是大明五年以前省，其時又立也。今領縣三。户一千一百九，口一萬二千九百七十。

蕭縣令。別見。

相縣令。別見。

沛縣令。別見。

新平太守，明帝泰始七年立。

江陽令，郡同立。

海安令，郡同立。

北淮陽太守〔五九〕，宋末僑立。

晉寧令。別見。

宿預令。別見。

角城令。別見。

北濟陰太守，濟陰郡別見。宋失淮北僑立。

廣平令，前漢臨淮有廣平縣，後漢以後無。

定陶令。別見。

陽平令。別見。

上黨令。別見。

冤句令〔六〇〕。別見。

館陶令。別見。

北下邳太守，下邳郡別見。宋失淮北僑立。

僮縣令〔六一〕。別見。

下邳令。別見。

寧城令。別見。

東莞太守，東莞郡別見。宋失淮北僑立。

莒縣令。別見。

諸縣令。別見。

東莞令。別見。

柏人令，漢舊名，屬趙國。宋失淮北僑立。

兖州刺史，後漢治山陽昌邑，魏、晉治廩丘，武帝平河南，治滑臺，文帝元嘉十三年，治鄒山，又寄治彭城。二十年，省兖州，分郡屬徐、冀州。三十年六月復立，治瑕丘。二漢山陽有瑕丘縣。永初郡國有東郡、陳留、濮陽三郡，而無陽平。東郡領白馬、別見。涼城、二漢東郡有聊城縣，晉太康地志無，疑此是。東燕別見。三縣〔六二〕。陳留郡領酸棗、漢舊縣。小黄、雍丘、白馬、襄邑、尉氏六縣。郡縣並別見。濮陽郡領濮陽、廩丘並別見。二縣。宋末失淮北，僑立兖州，寄治淮陰。淮陰別見。兖州領郡六，縣三十一。户二萬九千三百四十，口一十四萬五千五百八十一。

泰山太守，漢高立。永初郡國又有山茌、別見。萊蕪、漢舊名。太原本郡，僑立此縣。三縣，而無鉅平縣〔六三〕。今領縣八。户八千一百七十七，口四萬五千五百八十一。去州陸八百。去京都陸一千八百。

奉高令，漢舊縣。

鉅平令，漢舊縣。

嬴令，漢舊縣。

牟令，漢舊縣。

南城令，前漢屬東海，後漢、晉屬泰山〔六四〕。

武陽令，漢舊縣。

梁父令，漢舊縣。

博令，漢舊縣。

高平太守，故梁國，漢景帝中六年，分爲山陽國，武帝建元五年爲郡，晉武帝泰始元年更名。永初郡國及徐並又有任城縣，前漢屬東平〔六五〕，章帝元和元年，分東平爲任城，又屬焉。晉亦屬任城。江左省郡爲縣也。後省。今領縣六。户六千三百五十八，口二萬一千一百一十二。去州陸二百二十。去京都陸一千三百三十。宋明帝泰始五年，僑立於淮南當塗縣界，領高平、金鄉二縣。其年又立睢陵縣。

高平令，前漢名稾，章帝更名〔六六〕。
方與令，漢舊縣。
金鄉令，前漢無，後漢、晉有。
鉅野令，漢舊縣。
平陽令，漢舊縣曰南平陽。
亢父令，漢舊縣。舊屬任城。
魯郡太守，秦薛郡，漢高后更名。本屬徐州，光武改屬豫州〔六七〕，江左屬兗州。領縣六。户四千六百三十一，口二萬八千三百七。去州陸三百五十。去京都陸一千一百〔六八〕。
鄒令，漢舊縣。
汶陽令，漢舊縣。
魯令，漢舊縣。
陽平令，孝武大明元年立。
新陽令，孝武大明中立。
卞令，明帝泰始二年立。

東平太守，漢景帝分梁爲濟東國，宣帝更名。領縣五。户四千一百五十九，口一萬七千二百九十五。去州水五百，陸同。去京都水二千，陸一千四百。宋末又僑立於淮陰。

無鹽令，漢舊縣。

平陸令，漢舊縣。

須昌令，前漢屬東郡，後漢、晉太康地志屬東平。

壽昌令，春秋時曰良，前漢曰壽良，屬東郡，光武改曰壽張，屬東平。

范令，漢舊縣。四縣並治郡下。

陽平太守，魏分魏郡立。文帝元嘉中，流寓來屬，後省，孝武大明元年復立。領縣五。户二千八百五十七，口一萬一千二百七十一。

館陶令，漢舊名。寄治無鹽。

樂平令，魏立，屬陽平。後漢東郡有樂平，非也。寄治下平陸。

元城令，漢舊〔六九〕。寄治無鹽。

平原令，别見。孝武大明中立。

頓丘令，别見。孝武大明中立。

濟北太守，漢和帝永元二年〔七〇〕，分泰山立。永初郡國有臨邑、二漢屬東郡，晉太康地志屬濟北。東阿二漢屬東郡，晉無。二縣，孝武大明元年省，應在何志而無，未詳。領縣三。户三千一百五十八，口一萬七千三。去州陸七百。去京都水二千，陸一千五百。宋末又僑立於淮陽。

蛇丘令，前漢屬泰山，後漢、晉太康地志屬濟北。

盧令，前漢屬泰山，後漢、晉太康地志屬濟北。

穀城令，前漢無，後漢屬東郡，晉太康地志屬濟北。

校勘記

〔一〕揚州刺史　「揚州」之「揚」，有從手，有從木者。下「丹陽尹」之「陽」，亦「陽」、「楊」錯見。按王念孫讀書雜志四之漢書五，「揚州」之「揚」，古寫從木，至唐以後，乃多從手。今求全書一致，除丹楊縣之「楊」字仍舊不改，以存古義外，其他悉作「揚州」、「丹陽尹」。通書準此，不復別出校記。

〔二〕僑立魏郡領肥鄉元城二縣　「領」字原闕；「二縣」，原作「三縣」。成孺宋州郡志校勘記：「按魏是郡名，肥鄉、元城是屬縣，不得統稱三縣。（中略）肥鄉、元城上亦當有『領』字，『三縣』當作『二縣』。」按成校是，今訂正。

〔三〕順帝昇明三年改揚州刺史曰牧　成孺宋州郡志校勘記：「昇明二年九月丙午，加太尉齊王黄鉞、都督中外諸軍事、太傅、領揚州牧，中軍將軍、揚州刺史晉熙王燮爲司徒。改揚州刺史曰牧，正在此時。此稱『三年』，字誤。」

〔四〕户一十四萬三千二百九十六口一百四十五萬五千六百八十五　下文所載揚州各郡合計户二十四萬七千一百八，口一百六十萬五千六百九十四，與此所載異。出現差異之緣由，何德章讀宋書州郡志札記二則稱二者反映不同時期户口數，各州所列總數反映大明八年户口數狀況，而各郡户口數則是「宋末」數字。以下類似情況，不一一出校。

〔五〕晉分永世　王鳴盛十七史商榷卷五七：「下脱『置』字。」

〔六〕山陰令　「山陰」下，原有「縣」字，王鳴盛十七史商榷卷五七謂「縣」字衍。按本書文例，雙字縣名不加「縣」字，單字縣名或加「縣」字，或不加「縣」字。王説是，今據删。

〔七〕漢舊縣　「縣」字原闕，據三朝本、南監本、汲本、殿本、局本補。

〔八〕鄮令　「鄮」，原作「鄮」，據南監本、殿本、局本改。按漢書卷二八上地理志上、續漢書郡國志四、晉書卷一五地理志下並作「鄮」。

〔九〕吴孫權黄龍三年　「三年」，原作「四年」，據本書卷二九符瑞志下、三國志卷四七吴書吴主傳改。按，黄龍止三年。

〔一〇〕鹽官令漢舊縣　按漢書卷二八上地理志上會稽郡海鹽縣下有鹽官，無鹽官縣。

〔一二〕孫權黄武四年以爲東安郡　成孺宋州郡志校勘記：「三國吴志，黄武五年秋七月，分三郡惡地十縣置東安郡，此作『四年』，誤。」

〔一三〕分烏程立　「烏程」，原作「元程」，據南監本、殿本改。

〔一三〕晉亂省襄城郡　「省」字原闕，句不可通。成孺宋州郡志校勘記：「疑『晉亂』下奪『省』字。」按成校是，今據補。

〔一四〕漢作逡遒晉作逡道　「逡道」，漢書卷二八上地理志上、續漢書郡國志四、南齊書卷一四州郡志上作「浚遒」，晉書卷一五地理志下作「逡遒」。左傳哀公十二年「會吴於橐皋」杜預注：「在淮南逡遒縣東南。」則晉世亦作逡遒。沈約所見，不知何本。

〔一五〕晉武帝太康元年分丹陽立　晉書卷一五地理志下宣城郡云「太康二年置」。又本卷上文丹陽尹條云：「晉武帝太康二年，分丹陽爲宣城郡，治宛陵，而丹陽移治建業。」疑「元年」爲「二年」之訛。

〔一六〕烏傷令　殿本考證：「此下當有『漢舊縣』三字。」按烏傷，前漢縣，後漢、三國吴因。

〔一七〕豐安令漢獻帝興平二年孫氏分諸暨立　續漢書郡國志四會稽郡太末劉昭注：「建安四年，孫氏分立豐安縣。」

〔一八〕章安令續漢志故治閩中地　「治」，原作「冶」。成孺宋州郡志校勘記：「據江州建安郡下引司馬彪云『章安是故冶』，則此『治』字蓋『冶』之誤文。」按成校是，今據改。

〔一九〕按二漢志晉太康地志無　「志無」二字原闕。成孺宋州郡志校勘記：「據志例，『二漢志』下當脱『無』字，晉志有寧海，知『晉太康地』下，當脱『志有』二字。」楊守敬札記亦云：「寧海令，二漢志無，晉太康地志有，脱『無』字，又脱『志有』二字。」按成、楊二家之説並誤。據太平寰宇記卷九八引臨海記，「晉永和三年，分會稽郡八百户，於臨海郡章安地立寧海縣」，則寧海縣創置於東晉穆帝之世，晉武帝太康世尚無此縣，不當見於太康地志。今於「太康地」下補「志無」二字。

〔二〇〕永初二年郡國志又有南沛南下邳廣平廣陵盱眙鍾離海陵山陽八郡　「海陵山陽」四字原闕，錢大昕考異卷二三：「今數之，止六郡。蓋脱海陵、山陽二郡。」今據補。

〔二一〕南沛廣陵海陵山陽盱眙鍾離割屬南兖　「山陽」，原作「山陵」，據局本改。成孺宋州郡志校勘記：「案本志南兖州有山陽郡，無山陵。」

〔二二〕今領郡十七縣六十三　下文所載南徐州各郡所述合計領縣七十，實列六十八縣，與此所載異。以下類似情況，不一一出校。

〔二三〕領縣六　按下文實領五縣，「六」字疑誤。

〔二四〕毗陵　此下局本有「令」字，提行另起。楊守敬札記云：「『毗陵令』下，脱『漢舊縣屬晉陵』六字。」而孫虨考論則云：「『毗陵』上當有『屬』字。」鼎宜按，此謂宜合上條爲一條。」

〔二五〕丹陽雖有琅邪相而無土地　「土地」，原作「此地」，據文選卷二二徐敬業古意酬到長史溉登琅邪城詩李善注引沈約宋書改。按無土地即謂僑郡尚無實土。

〔二六〕晉太康地志屬琅邪　「志」字原闕，據南監本、殿本、局本補。

〔二七〕永嘉五年元帝改爲晉陵　「元」字原闕，據通典卷一八二州郡一二補。

〔二八〕去都水四百九十　據本書志例，疑「都」前脱「京」字。

〔二九〕淩令前漢屬泗水　「淩」，原作「廣陵」，據漢書卷二八下地理志下、續漢書郡國志三、南齊書卷一四州郡志上改。錢大昕考異卷二三：「『陵』當作『淩』，『廣』字衍。」成孺宋州郡志校勘記：「漢志廣陵縣屬廣陵國，不屬泗水，此云『前漢屬泗水』者，考異云『「陵」當作「淩」，「廣」字衍』是也。」

〔三〇〕晉太康地志屬臨淮　「臨淮」，原作「臨沂」，據局本改。成孺宋州郡志校勘記：「『淮』，毛作『沂』。案晉志，司吾屬臨淮郡，臨沂乃琅邪國之屬縣，歷代無『臨沂郡』也。」

〔三一〕領縣十二　孫虨考論卷二二：「案下列縣止十一，蓋脱彭城縣。此劉宋桑梓，必無併省之事。南齊與此屬縣盡同，亦有彭城。」按孫説是，下文疑脱「彭城令別見」五字。

〔三二〕北淩令　「北淩」，原作「北陵」。按下文云「晉太康地志屬下邳，本名淩」，即爲淩縣，蓋彼爲淩，此加「北」字作北淩。今訂正，下文並改。

〔三三〕景帝中六年　原作「景帝中平六年」，據局本改。成孺宋州郡志校勘記：「漢志景帝中六年，別爲濟陰國。『平』字衍。」按中平乃漢靈帝紀年。

〔二四〕「漢武帝征和二年」至「後又立」　本段注文原爲五十八字，舛訛不可讀，今據殿本訂正。李慈銘札記：「殿本所改皆是。唯魏分鉅鹿、魏郡之『郡』字不可省。」按殿本脱魏郡之「郡」字，李説是，今補正。

〔二五〕作曲梁　「曲梁」，原作「曲周梁」。按晉書卷一四地理志上，廣平郡無曲周縣，有曲梁縣。今删正。

〔二六〕文帝元嘉十八年　「元嘉十」三字原闕。本書卷五文帝紀，元嘉十八年冬十月「乙卯，省南徐州之南燕、濮陽、南廣平郡。」錢大昕考異卷二三：「當云『文帝元嘉十八年』，此脱三字。」按錢説是，今據補。

〔二七〕考城令前漢曰甾　「甾」，原作「留」。按漢書卷二八下地理志下，梁國有甾縣。續漢書郡國志三，陳留郡考城，故菑，章帝更名。是「留」爲「甾」字形近之訛。今改正。

〔二八〕今領縣二　「縣」字原闕，據三朝本、北監本、汲本、殿本、局本補。

〔二九〕移治東海朐　「朐」，原作「昫」，據北監本、汲本、殿本、局本改。「朐」字下原衍「山」字。成孺宋州郡志校勘記：「本志南徐州南東海朐令，據此知『朐』下衍『山』字。」按成校是，今據删。

〔四〇〕今領郡三　「郡」，原作「縣」，據南監本、北監本、汲本、殿本、局本改。

〔四一〕漢縣　據本書文例，疑「漢」下脱「舊」字。

〔四二〕蓋令　「蓋」，原作「菴」，據續漢書郡國志三、魏書卷一〇六中地形志中改。成孺宋州郡志校勘記：「歷代無菴縣，李兆洛云『菴』乃『蓋』之訛，案李説是也。」

〔四三〕角城令　「角城」，原作「甬城」。水經注卷三〇淮水：「淮、泗之會，即角城也。」魏書卷五四高閭傳及卷一〇六中地形志中亦作「角城」，高閭傳：「角城蕞爾，處在淮北，去淮陽十八里。」通典卷一七一州郡一作「角城」。今改作「角城」。下同並改。

〔四四〕孝武孝建元年昇立　「孝建」，原作「建元」，據殿本、局本改。成孺宋州郡志校勘記：「『孝建』，毛作『建元』，從殿本。前漢有濟陰，無北濟陰，此『孝武』謂宋孝武也。」

〔四五〕新昌太守　「新昌」，原作「□昌」，三朝本、南監本、北監本、汲本、殿本作「平昌」，今據局本補正。按錢大昕考異卷二三：「『平昌』當作『新昌』。」

〔四六〕酇令　「酇」，原作「贊」，據南監本、北監本、汲本、殿本、局本、漢書卷二八上地理志上改。漢書顔注：「應劭曰：『音嵯。』師古曰：『此縣本爲酇，應音是也。中古以來借酇字爲之耳，讀皆爲酇，而莽呼爲贊治，則此縣亦有贊音。』」

〔四七〕省并併南兗　孫彪考論卷二：「當云省併南兗，謂南青州、并州俱省併也。」按南齊書卷一四州郡志上：「宋永初元年，罷青并兗。」則南青州時亦併省，孫説是。

〔四八〕南高平南平昌南濟陰南濮陽南泰山濟陽南魯七郡　「七」，原作「山」。成孺宋州郡志校勘記：「『山』當作『七』，形近之訛也。」按成校是，今據改。

〔四九〕十九年省東燕郡爲東燕縣屬南濮陽後又省東燕縣　「十九年」，原作「十八年」，據殿本、局本改。成孺宋州郡志校勘記：「上已有十八年，殿本作『十九年』，今從之。」「郡爲東燕」四字原闕。孫虨考論卷二：「東燕縣既省，以何者屬南濮陽，且上文亦但見燕縣，無東燕縣。此當作『十九年省東燕郡爲東燕縣，屬南濮陽，後又省東燕縣』。」按孫説是，今據補。

〔五〇〕南齊郡領西安臨菑凡二縣　「西安」，原作「安西」。孫虨考論卷二：「『安西』當作『西安』，見南魯郡。」按孫説是，今乙正。按本卷上文，南徐州南魯郡有西安令。

〔五一〕東平領范朝陽歷城三縣　「東平」，原作「東平原」。洪頤煊諸史考異卷四：「『東平原』當作『東平』，衍『原』字。」按洪説是，今删正。晉書卷一四地理志上東平國領范縣，魏書卷一〇六中地形志中東平郡領范縣，即此。地形志别有東平原郡，治梁鄒，非此郡。

〔五二〕北沛領符離蕭相沛四縣　「北」字原闕。成孺宋州郡志校勘記：「案上文何志又有北沛郡，即南沛太守下何志云北沛新立者也。然則此『沛』字上亦當有『北』字。」按成校是，今據補。

〔五三〕高唐併在平　「高唐」，原作「高康」。孫虨考論卷二：「『康』當爲『唐』。」按孫説是，今改正。

〔五四〕宋又僑立新平北淮陽北濟陰北下邳東莞五郡　「陰」字原闕。孫虨考論卷二：「『北濟』下脱『陰』字。」按孫説是，今補正。

〔五五〕肥如潞真定新市五縣　「潞」，原作「路」，據局本改。錢大昕考異卷二三云：「『路』當作『潞』。」成孺宋州郡志校勘記云：「『潞』，毛作『路』。案漢志，路屬漁陽郡，其屬上黨者，乃潞縣，非路也。考異云：『「路」當作「潞」。』今據正。」下文「潞屬上黨」並改。

〔五六〕新市二漢晉屬中山　「二漢晉屬中山」六字原闕，錢大昕考異卷二三：「『新市』下有脱文。當云『二漢、晉屬中山』。」按錢説是，今據補。

〔五七〕領縣六　「六」，原作「五」，據南監本、北監本、汲本、殿本、局本改。張元濟校勘記：「『六』字疑是，下文列舉可證。」

〔五八〕明帝泰豫元年立　「泰豫」，原作「大豫」，南監本、北監本、汲本作「太豫」，今據殿本、局本改。

〔五九〕北淮陽太守　「北淮陽」，原作「北淮」，據局本改。按錢大昕考異卷二三：「『淮』下脱『陽』字。」

〔六〇〕冤句令　「令」，原作「縣」，據前後文例改。

〔六一〕僮縣令　「僮」，原作「潼」，據局本改。按漢書卷二八上地理志上、續漢書郡國志三皆作「僮」，本卷上文下邳太守下有僮令。

〔六二〕東郡領白馬涼城東燕三縣　「東郡」之「東」字原闕。成孺宋州郡志校勘記：「據上云永初郡國有東郡，知『郡』字上脱『東』字。」按成校是，今補正。

〔六三〕而無鉅平縣　「鉅平」，原作「鉅柰」，據南監本、北監本、汲本、殿本、局本改。按本卷下文「鉅平令」可證。

〔六四〕南城令前漢屬東海後漢晉屬泰山　「後漢」之「漢」字原闕，據南監本、北監本、汲本、殿本、局本補。按續漢書郡國志三，南城屬泰山郡。

〔六五〕前漢屬東平　「屬」，原作一字空格，據三朝本、南監本、北監本、汲本、殿本、局本補。

〔六六〕高平令前漢名槀章帝更名　「槀」，南監本、北監本、汲本、殿本作「槀」，局本作「橐」。按漢書卷二八上地理志上山陽郡，「橐，莽曰高平」。顏師古注：「臣瓚曰：『音拓。』」續漢書郡國志三山陽郡，「高平侯國。故橐，章帝更名。」後漢書卷四二光武十王東平憲王蒼傳作「槀」。又後一「名」字原闕，據局本、續漢書郡國志三補。

〔六七〕光武改屬豫州　「豫州」，原作「任城」，據續漢書郡國志二劉昭注改。

〔六八〕去京都陸一千一百　「陸」字原闕，據汲本、局本補。

〔六九〕漢舊　成孺宋州郡志校勘記：「『舊』下脱『名』字，當據『館陶』例補。」

〔七〇〕漢和帝永元二年　「永元」，原作「永光」，據局本改。按成孺宋州郡志校勘記：「後漢和帝年號自是永元。續志濟北國，和帝永元二年分泰山置。」

宋書卷三十六

志第二十六

州郡二

南豫州　豫州　江州　青州　冀州　司州

南豫州刺史，晉江左胡寇强盛，豫部殲覆，元帝永昌元年，刺史祖約始自譙城退還壽春。成帝咸和四年，僑立豫州，庾亮爲刺史，治蕪湖。咸康四年，毛寶爲刺史，治邾城。六年，荆州刺史庾翼鎮武昌，領豫州。八年，庾懌爲刺史，又鎮蕪湖。穆帝永和元年，刺史趙胤鎮牛渚。二年，刺史謝尚鎮蕪湖；四年，進壽春；九年，尚又鎮歷陽；十一年，進馬頭。升平元年，刺史謝奕戍譙〔一〕。哀帝隆和元年，刺史袁真自譙退守壽春。簡文咸安元年，刺史桓熙戍歷陽。孝武寧康元年，刺史桓沖戍姑孰〔二〕。太元十年，刺史朱序戍馬頭。十二年，刺史桓石虔戍歷陽。安帝義熙二年，刺史劉毅戍姑孰。宋武帝欲開拓河南，綏定豫土〔三〕，九年，割揚州大江以西、大雷以北，悉屬豫州，豫基址因此而立。十三年，刺史劉義慶鎮壽陽〔四〕。永初三年〔五〕，分淮東爲南豫州，治歷陽；淮西爲豫州〔六〕。文帝元嘉七年合二豫州爲一，十六年又分，二十二年又合，孝武大明三年又分〔七〕。五年，割揚州之淮南、宣城又屬焉。徙治姑孰。明帝泰始二年又合，而以淮南、宣城還揚州。九月又分，還治歷陽。三年五月，又合。四年，以揚州之淮南、宣城爲南豫州，治宣城〔八〕，五年罷。時自淮以西，悉没寇矣。七年，復分歷陽、淮陰、南譙、南兗州之臨江立南豫州。泰豫元年，以南汝陰度屬豫州，豫州之廬江度屬南豫州。按淮東自永初至于大明，便爲南豫，雖乍有離合，而分立居多。爰自泰始甫失淮西，復於淮東分立兩豫。今南豫以淮東爲境，不復於此更列二州，覽者按此以淮東爲境，推尋便自得泰始兩豫分域地也〔九〕。徐志領郡十三，縣六十一。户三萬七千六百二，口二十一萬九千五百。今領郡十九〔一〇〕，縣九十一。去京都水一百六十。

歷陽太守，晉惠帝永興元年，分淮南立，屬揚州，安帝割屬豫州。永初郡國唯有歷陽、烏江、龍亢三縣，何、徐又有酇、雍丘二縣。今領縣五。户三千一百五十六，口一萬九千四百七十。

歷陽令，漢舊縣，屬九江。

烏江令，二漢無，晉書有烏江，太康地志屬淮南。

龍亢令，漢舊名，屬沛郡，晉太康地志屬譙。江左流寓立。

雍丘令，漢舊名，屬陳留。流寓立，先屬秦郡〔一〕，文帝元嘉八年度。

酇令，漢屬沛，晉太康地志屬譙。流寓立，文帝元嘉八年度。

南譙太守，譙郡別見。晉孝武太元中，於淮南僑立郡縣，後割地成實土。永初郡國志又有酇縣〔二〕，何、徐無。今領縣六。户四千四百三十二，口二萬二千三百五十八。去州水五百四十，陸一百七十。去京都水七百，陸五百。

山桑令，前漢屬沛，後漢屬汝南，晉太康地志屬譙。

譙令，漢屬沛，晉太康地志屬譙〔三〕。

銍令，漢屬沛，晉太康地志屬譙。

扶陽令，前漢屬沛，後漢、晉太康地志並無。

蘄令。別見。

城父令，前漢屬沛，後漢屬汝南，晉太康地志屬譙。

廬江太守，漢文帝十六年〔四〕，分淮南國立。光武建武十三年，又省六安國以併焉。

領縣三。户一千九百九，口一萬一千九百九十七。去州水二千七百二十，陸四百七十。去京都水一千一百，陸六百三十一。

濡令，漢舊縣。

舒令，漢舊縣。

始新令，永初郡國、何並無，徐有始新左縣，明帝泰始三年立。

南汝陰太守，汝陰郡别見。江左立。領縣五。户二千七百一，口一萬九千五百八十五。去州陸三百。去京都水一千，陸五百三十。

汝陰令，别見。所治即二漢、晉合肥縣，後省。

慎令，漢屬汝南，太康地志屬汝陰。

宋令。别見。

陽夏令，前漢屬淮陽，後漢屬陳。晉太康地志陳令屬梁，無復此縣。又晉地志，惠帝永康中復立。永初郡國、何並屬南梁，徐志屬此。

安陽令，别見。永初郡國、何並屬南梁，徐屬此。

南梁太守，梁郡别見。晉孝武太元中，僑立於淮南，安帝始有淮南故地，屬徐州。武帝永初二年，還南豫，孝武大明六年廢屬西豫，改名淮南，八年復舊。永初郡國又有虞、陽夏、安豐三縣〔一五〕，並別見。何、徐無安豐，又有義昌而並無寧陵縣。今領縣九。户六千二百一十二，口四萬二千七百五十四。去州水一千八百，陸五百。去京都水一千七百，陸七百。

睢陽令，漢舊名。孝武大明六年，改名壽春，八年復舊。前廢帝永光有義寧、寧昌二縣併睢陽。所治即二漢、晉壽春縣，後省。

蒙令。别見。

虞令，漢舊名。

穀熟令，漢舊名。

陳令，前漢屬淮陽，後漢屬陳，晉太康地志屬梁。

義寧長，何無，徐有，宋末又立。

新汲令，漢舊名，屬潁川。

崇義令，永初郡國羌人始立。

寧陵〔一六〕，别見。徐志後所立。

晉熙太守，晉安帝分廬江立。領縣五。户一千五百二十一，口七千四百九十七。去州陸八百，無水。去京都水一千二百，無陸。

懷寧令，晉安帝立。

新冶令，晉安帝立。

陰安令，漢舊名，屬魏郡，晉太康地志屬頓丘。

南樓煩令〔一七〕，永初郡國、何、徐志無。

太湖左縣長，文帝元嘉二十五年，以豫部蠻民立太湖、吕亭二縣，屬晉熙〔一八〕，後省，明帝泰始二年復立。

弋陽太守，本縣名，屬汝南，魏文帝分立。領縣六〔一九〕。户三千二百七十五，口二萬四千二百六十二。去州陸一千一百，去京都水闕

期思令，漢舊縣。

弋陽令，漢舊縣。

安豐令，舊郡，晉安帝併爲縣。

樂安令，新立。

茹由令，新立。

安豐太守，魏文帝分廬江立。江左僑立，晉安帝省爲縣，屬弋陽，宋末復立。

安豐令，前漢地理志無〔二〇〕，後漢屬廬江。

松滋令。別見。

汝南太守。別見。

上蔡侯相。別見。

平輿令。別見。

北新息令。別見。

真陽令。別見〔二〕。

安城令。別見。

南新息令。別見。

臨汝令，漢舊名。

陽安令。別見。

西平令。別見。

瞿陽令〔三〕。別見。

安陽令。別見。

新蔡太守。別見。

鮦陽令。別見。

固始令。別見。

新蔡令。別見。

東苞信令。別見。

西苞信令，徐志南豫唯一苞信〔二三〕，疑是後僑立所分。

陳郡太守〔二四〕，別見。永初郡國無萇平、谷陽而有扶溝，別見。何無陽夏、扶溝，徐無陽夏。

項令。別見。

西華令。別見。

陽夏令。別見。

萇平令。別見。

谷陽令〔二五〕。別見。

南頓太守〔二六〕，別見。帖治陳郡。

南頓令。別見。

和城令。別見。

潁川太守。別見。

邵陵令。別見。

臨潁令。別見。

曲陽令。別見。

西汝陰太守，永初郡國、何、徐並無此郡。

汝陰令。別見。

安城令。別見。

樓煩令。別見。

宋令。別見。

汝陽太守。別見。

汝陽令。別見。

武津令〔二七〕。

陳留太守，別見。永初郡國無浚儀、封丘而有酸棗，何、徐無封丘、尉氏。

浚儀令。別見。

小黄令。別見。

雍丘令。別見。

白馬令。別見。

襄邑令。別見。

封丘令，漢舊名。

尉氏令。別見。

南陳左郡太守，少帝景平中省此郡，以宋民度屬南梁、汝陰郡，而永初郡國無，未詳。孝建二年以蠻户復立。分赤官左縣爲蓼城左縣。領縣二。樂疑大明八年，省郡，即名爲縣，屬陳左縣〔二八〕。

邊城左郡太守，文帝元嘉二十五年，以豫部蠻民立茹由、樂安、光城、雩婁、史水、開化、邊城七縣〔二九〕，屬弋陽郡。徐志有邊城郡，領雩婁、史水、開化、邊城四縣〔三〇〕。大明八年復省爲縣，屬弋陽，後復立。領縣四。户四百一十七，口二千四百七十九。

雩婁令，二漢屬廬江，晉太康地志云屬安豐。

開化令。

史水令。

邊城令。

光城左郡太守，永初郡國、何、徐並無。按起居注，大明八年，省光城左郡爲縣，屬弋陽〔三一〕，疑是大明中分弋陽所立。八年復省，後復立。

樂安令。

茹由令。

光城令〔三二〕。此三縣，徐志屬弋陽。

豫州刺史，後漢治譙，魏治汝南安成，晉平吴後治陳國，晉江左所治，已列於前。永初郡國，何、徐寄治睢陽，而郡縣在淮西。徐又有邊城，别見南豫州。何又有初安、綏城二郡，初安領新懷、懷德二縣〔三三〕，綏城領安昌、招遠二縣，並云新立。徐無，則是徐志前省也。領郡十，縣四十三。户二萬二千九百一十九，口一十五萬八百二十九。

汝南太守，漢高帝立。領縣十一。户一萬一千二百九十一，口八萬九千三百四十九。去州水一千，陸七百。去京都水三千，陸一千五百。

上蔡令，漢舊縣。

平樂令，漢舊縣〔三四〕。

北新息令，漢舊縣。

慎陽令，漢舊縣。永初郡國及徐並作真陽。

安成令，漢舊縣。

南新息令，漢舊縣。

朗陵令，漢舊縣。

陽安令，漢舊縣。

西平令，漢舊縣。

瞿陽令，漢舊縣作灈陽。

安陽令，漢舊縣。晉武太康元年，改爲南安陽。

新蔡太守，晉惠帝分汝陰立，今帖治汝南。領縣四。户二千七百七十四，口一萬九千八百八十。去州陸六百。去京都水二千五百，陸一千四百。

鮦陽令，漢舊縣。晉成帝咸康二年，省併新蔡，後又立。

固始令，故名寢丘之地也。漢光武更名。晉成帝咸康二年〔三五〕，併新蔡，後又立。

新蔡令，漢舊縣。

苞信令，前漢無，後漢屬汝南，晉太康地志屬汝陰。後漢郡國、晉太康地志並作「褒」。

譙郡太守，何志故屬沛，魏明帝分立。按王粲詩：「既入譙郡界〔三六〕，曠然消人憂。」粲是建安中亡，非明帝時立明矣。永初郡國無長垣縣。今領縣六。户一千四百二十四，口七千四百四。去州陸道三百五十〔三七〕。去京都水二千，陸一千二百。

蒙令，漢舊縣，屬沛〔三八〕。

蘄令，漢舊縣，屬沛。

寧陵令，前漢屬陳留，後漢、晉太康地志屬梁。

魏令，故魏郡，流寓配屬。

襄邑令。

長垣令，漢舊縣，屬陳留。永初郡國無。何故屬陳留，徐新配。

梁郡太守，秦碭郡，漢高更名。孝武大明元年度徐州，二年還豫〔三九〕。領縣二。户九百六十八，口五千五百。去州陸一百六十。去京都水九百。

下邑令，漢舊縣。何云魏立，非也。

碭令，漢舊縣。

陳郡太守，漢高立爲淮陽國，章帝元和三年更名〔四〇〕，晉初併，梁王彤薨〔四一〕，還爲陳。永初郡國有扶溝、前漢屬淮陽，後漢、晉太康地志屬陳留。陽夏，別見。而無谷陽、長平。領縣四。户六百九十三，口四千一百一十三。去州陸七百六十。去京都水一千四百五十。

項城令，漢舊縣，屬汝南，晉太康地志屬陳郡〔四二〕。西華令，漢舊縣，屬汝南，晉初省，惠帝永康元年復立，屬潁川。江左度此。谷陽令，本苦縣，前漢屬淮陽，後漢屬陳〔四三〕，晉太康地志屬梁，成帝咸康三年更名。

長平令，前漢屬汝南，後漢屬陳，晉太康地志屬潁川。

南頓太守，故屬汝南，晉惠帝分立。領縣二。户五百二十六，口二千三百六十五。去州七百六十。去京都陸一千四百五十〔四四〕。

南頓令，漢舊縣，何故屬汝陽，晉武帝改屬汝南。按晉太康地志、王隱地道無汝陽郡。

潁川太守，秦立。魏分潁川爲襄城郡，晉成帝咸康二年，省襄城還併潁川。永初郡國又有許昌、本名許〔四五〕，漢舊縣。魏曰許昌。新汲、別見。隋陵、長社、潁陰、陽翟四縣並漢舊縣。陽翟，魏、晉屬河南。六縣，而無曲陽。領縣三。户六百四十九，口二千五百七十九。去州一千。去京都陸一千八百。

和城令，何江左立。

邵陵令，漢舊縣，屬汝南，晉太康地志屬潁川。

臨潁令，漢舊縣。

曲陽令，前漢屬東海，後漢屬下邳，晉太康地志無。

汝陽太守，晉太康地志、王隱地道無此郡，應是江左分汝南立。晉成帝咸康三年，省併汝南，後又立。領縣二。户九百四十一，口四千四百九十五。去州二百。去京都陸一千四百，水三千五百。

汝陽令，漢舊縣，屬汝南。何故屬汝陰，晉武改屬汝南。按晉武分汝南爲汝陰，何所言非也。

武津令，何不注置立。

汝陰太守，晉武帝分汝南立，成帝咸康二年，省併新蔡，後復立。領縣四。户二千七百四十九，口一萬四千三百三十五。

汝陰令，漢舊縣。

宋令，前漢名新郪，章帝建初四年，徙宋公國於此，改曰宋。

宋城令，漢舊縣。

樓煩令，漢舊縣，屬雁門。流寓配屬。

陳留太守，漢武帝元狩元年立，屬兗州，中原亂廢。晉成帝咸康四年復立，永初郡國屬兗州，何、徐屬豫州。永初郡國無浚儀，有酸棗。别見。今領縣四。户百九十六，口二千四百一十三。寄治譙郡長垣縣界。

浚儀令，漢舊名。

小黄令，漢舊名。

白馬令，漢屬東郡，晉太康地志屬濮陽。

雍丘令，漢舊名。

江州刺史，晉惠帝元康元年〔四六〕，分揚州之豫章、鄱陽、廬陵、臨川、南康、建安、晉安，荆州之武昌、桂陽、安成十郡爲江州。初治豫章，成帝咸康六年，移治尋陽。庾悦又治豫章〔四七〕，尋還尋陽。領郡九〔四八〕，縣六十五。户五萬二千三十三，口三十七萬七千一百四十七。去京都水一千四百。

尋陽太守，尋陽本縣名，因水名縣，水南注江。二漢屬廬江，吴立蘄春郡，尋陽縣屬焉。晉武帝太康元年，省蘄春郡，以尋陽屬武昌，改蘄春之安豐爲高陵及邾縣，皆屬武昌。二年，以武昌之尋陽復屬廬江郡。惠帝永興元年，分廬江、武昌立尋陽郡。尋陽縣後省。領縣三。户二千七百二十，口一萬六千八。

柴桑男相，二漢屬豫章，晉屬武昌。郡既立，治此〔四九〕。

彭澤子相〔五〇〕，漢、晉太康地志屬豫章，立尋陽郡後，割度。

松滋伯相，前漢屬廬江，後漢無，晉太康地志屬安豐。安豐縣名，前漢無〔五一〕，後漢屬廬江，晉武帝立爲安豐郡。江左流民寓尋陽，僑立安豐、松滋二郡，遥隸揚州，安帝省爲松滋縣。尋陽又有弘農縣流寓。文帝元嘉十八年，省併松滋。

豫章太守，漢高帝立，本屬揚州。永初郡國有海昏，漢舊縣。何志無。今領縣十二。戶一萬六千一百三十九，口一十二萬二千五百七十三。去州水六百，陸三百五十。去京都水一千九百，陸二千一百。

南昌侯相，漢舊縣。

新淦侯相，漢舊縣。

豐城侯相，吴立曰富城，晉武帝太康元年更名。

建城侯相，漢舊縣。

望蔡子相，漢靈帝中平中，汝南上蔡民分徙此地，立縣名曰上蔡，晉武帝太康元年更名。

吴平侯相，漢靈帝中平中立曰漢平，吴更名〔五二〕。

永脩男相，漢靈帝中平中立。

建昌公相，漢和帝永元十六年，分海昏立。

豫寧侯相，漢獻帝建安中立，吴曰西安〔五三〕，晉武帝太康元年更名。

康樂侯相，吴孫權黄武中立曰陽樂，晉武帝太康元年更名。

新吴令，漢靈帝中平中立。

艾侯相，漢舊縣。

鄱陽太守，漢獻帝建安十五年，孫權分豫章立，治鄱陽縣，赤烏八年，徙治吴芮故城。永初郡國有歷陵縣，漢舊縣。何志無。領縣六。户三千二百四十二，口一萬九百五十。去州水四百四十。去京都水一千八百四十，陸二千六十。

廣晉令，吴立曰廣昌，晉武帝太康元年更名。

鄱陽侯相，漢舊縣。

餘干令〔五四〕，漢舊縣。

上饒男相，吴立。太康地志有，王隱地道無。

葛陽令，吴立。

樂安男相，吴立。

臨川內史，吳孫亮太平二年，分豫章東部都尉立。領縣九。户八千九百八十三，口六萬四千八百五。去州水一千一百，陸一千二十。去京都水二千八百二十，陸三千。

臨汝侯相，漢和帝永元八年立。

西豐侯相，吳立曰西平，晉武帝太康元年更名。

新建侯相，吳立。

永城男相，吳立。

宜黄侯相，吳立。

南城男相，漢舊縣，晉武帝太康元年，更曰新南城，江左復舊。

南豐令，吳立。

東興侯相，吳立。

安浦男相，吳立。

廬陵太守，廬陵本縣名，屬豫章，漢獻帝興平元年，孫策分豫章立。領縣九。户四千四百五十五，口三萬一千二百七十一。去州水二千，陸一千六百。去京都水三千六百。

石陽子相，前漢無，後漢有。

西昌侯相，吳立。

東昌子相，吴立。

吉陽男相，吴立。

巴丘男相，吴立〔五五〕。

興平侯相，吴立。

陽豐男相，吴曰陽城，晉武帝太康元年更名。

高昌男相，吴立。

遂興男相，吴立曰新興，晉武帝太康元年更名。永初郡國無此縣，何、徐並有。

安成太守〔五六〕，孫晧寶鼎二年，分豫章、廬陵、長沙立。晉太康地志屬荆州。領縣七。户六千一百一十六，口五萬三百二十三。去州水三千三百，陸三千六百。去京都水三千七百，無陸。

平都子相，前漢曰安平，後漢更名，屬豫章。

新喻侯相，吴立。

宜陽子相，漢舊縣，本名宜春，屬豫章，晉孝武改名。

永新男相，吴立。

安復侯相，漢舊縣，本名安成，晉武帝太康元年更名，屬長沙。

萍鄉侯相，吴立。

廣興侯相，晉太康地志有此縣，何云江左立，非也。

南康公相，晉武帝太康三年，以廬陵南部都尉立。領縣七〔五七〕。户四千四百九十三，口三萬四千六百八十四。去州水三千七百四十。去京都水三千八十。

贛侯相，漢舊縣，屬豫章。

寧都子相，吴立曰楊都，晉武帝太康元年更名。

雩都侯相，漢舊縣，屬豫章。

平固侯相，吴立曰平陽，晉武帝太康元年更名。

南康公相，吴立曰安南，晉武帝太康元年更名。

陂陽男相，吴立曰揭陽，晉武帝太康五年，以西康揭陽移治故陂陽縣，改曰陂縣，然則陂陽先已爲縣矣。後漢郡國無，疑是吴所立而改曰揭陽也。

南野伯相，漢舊縣，屬豫章。

虔化男相，孝武大明五年，以虔化屯立。

南新蔡太守，江左立。領縣四。户一千七百三十，口八千八百四十八。去州水二百。去京都水一千三百七十，陸一千八百八十。

苞信令，別見。本作褒信，永初郡國作苞信。

慎令，漢舊名，本屬汝南。

宋令，別見。徐志云宋樂，後復舊。

陽唐左縣令，孝武大明八年立。

建安太守，本閩越，秦立爲閩中郡。漢武帝世，閩越反，滅之，徙其民於江、淮間，虚其地。後有逋逃山谷者頗出，立爲冶縣，屬會稽。司馬彪云，章安是故冶，然則臨海亦冶地也。張勃吴録云：「閩越王冶鑄地，故曰安閩王冶。此不應偏以受名，蓋句踐冶鑄之所，故謂之冶乎？閩中有山名湛，疑湛山之鑪鑄劍爲湛鑪也。」後分冶地爲會稽東、南二部都尉。東部，臨海是也；南部，建安是也。吴孫休永安三年，分南部立爲建安郡。領縣七〔五八〕。户三千四十二，口一萬七千六百八十六。去州水二千三百八十。去京都水三千四十，並無陸。

吴興子相，漢末立曰漢興，吴更名。

將樂子相，晉太康地志有。

邵武子相，吴立曰昭武，晉武帝更名。

建陽男相，晉太康地志有。

綏成男相，永初郡國、何、徐並有。何、徐不注置立。

沙村長，永初郡國、何、徐並有。何、徐不注置立。

晉安太守，晉武帝太康三年，分建安立。領縣五。户二千八百四十三，口一萬九千八百三十八。去州水三千九百九十。去京都水三千五百八十。

候官□相〔五九〕，前漢無，後漢曰東候官，屬會稽。

原豐令，晉武帝太康三年，省建安典船校尉立。

晉安男相，吴立曰東安，晉武帝更名。

羅江男相，吴立，屬臨海。晉武帝立晉安郡，度屬。

温麻令，晉武帝太康四年，以温麻船屯立。永初郡國無，何、徐並有。

青州刺史，治臨淄。江左僑立，治廣陵。安帝義熙五年，平廣固，北青州刺史治東陽城，而僑立南青州如故。後省南青州，而北青州直曰青州。孝武孝建二年，移治歷城，大明八年，還治東陽。明帝失淮北，於鬱洲僑立青州，立齊、北海、西海郡。舊州領郡九，縣四十六。户四萬五百四，口四十萬二千七百二十九。去京都陸二千。

齊郡太守，秦立。領縣七。户七千三百四十六，口萬四千八百八十九。

臨淄令，漢舊縣。

西安令，漢舊縣。

安平令，六國時其地曰安平，二漢、魏、晉曰東安平。前漢屬淄川，後漢屬北海，魏度屬齊。

般陽令，前漢屬濟南，後漢、晉太康地志屬齊。

廣饒令，漢舊縣。

昌國令，漢舊縣。

益都令，魏立。

濟南太守，漢文帝十六年，分齊立。晉世濟岷郡，云魏平蜀，徙蜀豪將家於濟、河，故立此郡。安帝義熙中土斷，并濟南。案晉太康地志無濟岷郡。永初郡國濟南又有祝阿、二漢屬平原，晉太康地志無。於陵縣，漢舊縣。而無朝陽、平陵二縣。領縣六。户五千五十六，口三萬八千一百七十五。去州陸四百。去京都二千四百。

歷城令〔六〇〕，漢舊縣。

朝陽令，前漢曰朝陽，後漢、晉曰東朝陽。二漢屬濟南，晉太康地志屬樂安。

著令，漢舊縣。

土鼓令，漢舊縣，晉無。

逢陵令，二漢、晉無，永初郡國、何、徐有。

平陵令，漢舊縣，至晉並曰東平陵。

樂安太守，漢高立，名千乘，和帝永元七年更名。領縣三。户二千二百五十九，口一萬四千九百九十一。去州陸一百八十。去京都陸一千八百。

千乘令，漢舊縣。

臨濟令，前漢曰狄，安帝永初二年更名。

博昌令，漢舊名。

高密太守，漢文帝分齊爲膠西，宣帝本始元年〔六一〕，更名高密。光武建武十三年，併北海，晉惠帝又分城陽立〔六二〕，城陽郡，前漢有，後漢無，魏復分北海立。宋孝武併北海。領縣六。户二千三百四，口一萬三千八百二。去州陸二百。去京都陸一千六百。

黔陬令，前漢屬琅邪，後漢屬東萊，晉太康地志屬城陽。

淳于令，二漢屬北海，晉太康地志屬城陽。

高密令，前漢屬高密，後漢屬北海，晉太康地志屬城陽。

夷安令，前漢屬高密，後漢屬北海，晉太康地志屬城陽。

營陵令，二漢屬北海，晉太康地志屬城陽。

昌安令，漢安帝延光元年立，屬高密，後漢屬北海，晉太康地志屬城陽。

平昌太守，故屬城陽，魏文帝分城陽立，後省，晉惠帝又立。領縣五。户二千二百七十，口一萬五千五十。去州陸二百。去京都陸一千七百〔六三〕。

安丘令，二漢屬北海，晉太康地志屬琅邪。

平昌令，前漢屬琅邪，後漢屬北海，晉太康地志屬城陽。

東武令，二漢屬琅邪，晉太康地志屬東莞。

琅邪令，二漢屬琅邪，晉太康地志無。

朱虚令，前漢屬琅邪，安帝永初元年屬北海，晉太康地志屬城陽。

北海太守，漢景帝中二年立〔六四〕。領縣六。户三千九百六十八，口三萬五千九百九十五。寄治州下。

都昌令，漢舊縣。寄治州下，餘依本治。

膠東令，本膠東國，後漢、晉太康地志屬北海。

劇令，二漢屬北海，晉太康地志屬琅邪。

即墨令，前漢屬膠東，後漢、晉太康地志屬北海。

下密令，前漢屬膠東，後漢、晉太康地志屬北海。

平壽令，漢舊縣。

東萊太守，漢高帝立。領縣七。户一萬一百三十一，口七萬五千一百四十九。去州陸五百。去京都二千一百。

曲城令，漢舊縣。

掖令，漢舊縣。

㡉令〔六五〕，漢舊縣。

盧鄉令，漢舊縣。

牟平令，漢舊縣。

當利令，漢舊縣。

黄令，漢舊縣。

太原太守，秦立，屬并州。文帝元嘉十年，割濟南、泰山立。領縣三。户二千七百五十七，口二萬四千六百九十四。去州陸五百。去京都一千八百。

山茌令，漢舊縣，屬泰山。孝武孝建元年〔六六〕，度濟北。

太原令，晉安帝義熙中土斷立，屬泰山。

祝阿令。別見。

長廣太守，本長廣縣，前漢屬琅邪，後漢屬東萊，晉太康地志云故屬東萊。起居注，咸寧三年，以齊東部縣爲長廣郡。領縣四。户二千九百六十六，口二萬二十三。去州五百。去京都一千九百五十。

不其令，前漢屬琅邪，後漢屬東萊，晉太康地志屬長廣〔六七〕。

長廣令，前漢屬琅邪，後漢屬東萊，晉太康地志屬長廣。

昌陽令，晉惠帝元康八年，分長廣縣立。

挺令，前漢屬膠東，後漢屬北海，晉太康地志屬長廣。

冀州刺史，江左立南冀州，後省。義熙中更立，治青州，又省。文帝元嘉九年，又分青州立，治歷城〔六八〕，割土置郡縣。領郡九，縣五十。户三萬八千七十六，口一十八萬一千一。去京都陸二千四百。

廣川太守，本縣名，屬信都，地理志不言始立。景帝二年，以爲廣川國，宣帝甘露三年復。明帝更名樂安，安帝延光中，改曰安平，晉武帝太康五年，又改爲長樂。廣川縣，前漢屬信都，後漢屬清河，魏屬勃海，晉還清河。何志，廣川江左所立。又有蓨縣前漢屬信都，後漢、晉屬勃海。而無廣川。孝武大明元年，省廣川之棗強、前漢屬清河，後漢、晉江左無。勃海之浮陽、高城並漢舊縣。立廣川縣，非舊廣川縣也。屬廣川郡。領縣四。户三千二百五十，口二萬三千六百一十四。去州陸一百六十。去京都陸一千九百八十。

廣川令。已見前。

中水令，前漢屬涿〔六九〕，後漢、晉太康地志屬河間。孝武大明七年，自河間割度。

武強令，何江左立。

索盧令，何江左立。

平原太守，漢高帝立。舊屬青州，魏、晉屬冀州。領縣八。户五千九百一十三，口二萬九千二百六十七。

廣宗令，前漢無，後漢屬鉅鹿，晉太康地志屬安平，永初郡國、何無，孝武大明元年復立。

平原令，漢舊縣。

鬲令，漢舊縣。

安德令，漢舊縣。

平昌令，漢舊縣。後漢、晉太康地志曰西平昌。

般縣令，漢舊縣。

茌平令，前漢屬東郡，後漢屬濟北，晉太康地志屬平原。

高唐令，漢舊縣。

清河太守，漢立，桓帝建和二年，改曰甘陵，魏復舊。何有重合縣。別見。領縣七。户三千七百九十四，口二萬九千二百七十四。去州一百一十。去京都陸一千八百。

清河令，二漢無，晉太康地志有。

武城令，漢舊縣，並曰東武城。

繹幕令，漢舊縣。

貝丘令，漢舊縣。

零令，漢舊縣作靈。

鄃令，漢舊縣。

安次令，前漢舊縣，屬勃海，後漢屬廣陽，晉太康地志屬燕國。

樂陵太守，晉武帝分平原立。舊屬青州，今來屬。領縣五。户三千一百三，口一萬六千六百六十一。去州一百四十。去京都陸一千八百。

樂陵令，漢舊縣，故屬平原。

陽信令，二漢屬勃海，晉太康地志屬樂陵。

新樂令。別見。

厭次令，前漢曰富平，明帝更名，屬平原，晉太康地志屬樂陵。

溼沃令，前漢屬千乘，後漢無。何云魏立，當是魏復立也。晉太康地志屬樂陵。

魏郡太守，漢高帝立。二漢屬冀州，魏、晉屬司隸，江左屢省置，宋孝武又僑立，何無。

領縣八。户六千四百五，口三萬三千六百八十二。

魏令，漢舊縣。

安陽令，晉太康地志有。

聊城令，漢屬東郡，晉屬平原。

博平令，漢屬東郡，晉屬平原。

肥鄉令，晉太康地志屬廣平。

蠡吾令，前漢屬涿，後漢屬中山，晉太康地志屬高陽。孝武始立，屬高陽，大明七年度此。

頓丘令，別見。文帝元嘉二十八年，流民歸順，孝武孝建二年立。

臨邑令，漢屬東郡，晉屬濟北。孝武孝建二年，與頓丘同立。

河間太守，漢文帝二年，分趙立。江左屢省置，宋孝武又僑立，何無。領縣六。户二千七百八十一，口一萬七千七百七。

樂城令，漢舊縣。

城平令〔七〇〕，前漢屬勃海，後漢、晉太康地志屬河間。

武垣令，前漢屬涿，後漢、晉太康地志屬河間。

章武令，二漢屬勃海，晉太康地志屬章武。江左立，屬廣川，孝武大明七年度此。

南皮令，漢舊縣，屬勃海。孝武始立，屬勃海，大明七年度此。

阜城令，前漢勃海有阜城縣，續漢安平有阜城縣，注云「故昌成」。漢信都有昌成，未詳孰是。

頓丘太守，别見。江左屢省置，孝武又僑立，何無。領縣四。户一千二百三十八，口三千八百五十一。

頓丘令。别見。

衛國令，晉太康地志有。

肥陽令，何志以前無。

陰安令，二漢屬魏，魏屬陽平，晉屬頓丘〔七一〕。

高陽太守，高陽，前漢縣名，屬涿，後漢屬河間。晉武帝泰始元年，分涿爲范陽，又屬焉。後又分范陽爲高陽。江左屢省置，孝武又僑立，何無。領縣五。户二千二百九十七，口一萬四千七百二十五。

安平令，前漢屬涿〔七二〕，後漢屬安平，晉太康地志屬博陵。

饒陽令，前漢屬涿，續漢安平有饒陽縣，注云「故名饒，屬涿」。按地理涿唯有饒陽縣，無饒縣。

鄚令，漢舊縣，屬魏郡。江左避愍帝諱，改曰臨漳。孝武始立，屬魏郡，大明七年度此。

高陽令。已見。

新城令，前漢屬中山，後漢屬涿，晉太康地志屬高陽〔七三〕，並曰北新城。

勃海太守，漢高帝立，屬幽州，後漢、晉屬冀州。江左省置，孝武又僑立，何無。領縣三。户一千九百五，口萬二千一百六十六。

長樂令，晉之長樂郡也。疑是江左省爲縣，至是又立。

蓨令。别見。何志屬廣川。徐志屬此。

重合令，漢舊縣。

司州刺史，漢之司隸校尉也。晉江左以來，淪没戎寇，雖永和、太元王化暫及，太和、隆安還復湮陷。牧司之任，示舉大綱而已。縣邑户口，不可具知。武帝北平關、洛，河南底定，置司州刺史，治虎牢，領河南、漢舊郡〔七四〕。滎陽、晉武帝泰始元年，分河南立。弘農漢舊郡。實土三郡。河南領洛陽、河南、鞏、緱氏、新城、梁、並漢舊縣。河陰、晉太康地志有。陸渾、漢舊縣，屬弘農，晉太康地志屬河南。東垣、二漢、晉太康地志河東有垣縣〔七五〕。新安、二漢屬弘農，晉太康地志屬河南〔七六〕。西東垣新立。凡十一縣。滎陽領京、密、滎陽、卷、陽武、苑陵、中牟、開封、成皋並漢舊縣。屬河南〔七七〕。凡九縣。弘農領弘農、陝、宜陽、黽池、盧氏、並漢舊縣。曲陽前漢屬東海，後漢屬下邳，太康地志無。凡七縣〔七八〕。三郡合二十七縣，一萬六千三百六户。又有河内、漢舊郡。東京兆京兆别見雍州，東京兆新立。二僑郡。河内寄治河南，領温、野王、軹、河陽、沁水、山陽、懷、平皋、並漢舊名。朝歌二漢屬河内，晉太康地志屬汲郡。晉武太康元年始立。凡十縣〔七九〕。東京兆寄治滎陽，領長安、漢舊縣。萬年、别見。新豐、别見。藍田、别見。蒲阪二漢、晉太康地志屬河東。凡六縣〔八〇〕。合十六縣，一千九百九十二户。少帝景平初，司州復没北虜。文帝元嘉末，僑立於汝南，尋亦省廢。明帝復於南豫州之義陽郡立司州，漸成實土焉。領郡四，縣二十。去京都水二千七百，陸一千七百。

義陽太守，魏文帝立，後省，晉武帝又立。太康地志、永初郡國、何志並屬荆州，徐則南豫也。明帝泰始五年，度郢州，後廢帝元徽四年，屬司州〔八一〕。領縣七。户八千三十一，口四萬一千五百九十七。

平陽侯相，前漢無，後漢屬江夏曰平春，晉太康地志屬義陽，晉孝武改。

鄳令，二漢屬江夏，晉太康地志屬義陽，並作鄳，音盲。永初郡國、何並作鄳。

鍾武令，前漢屬江夏，後漢、晉太康地志無，永初郡國屬義陽。

寶城令，孝武孝建三年，分鄳立。

義陽令，晉太康地志有，後省。孝武孝建三年，分平陽立。

平春令，孝武孝建三年，分平陽立。

環水長，永初郡國，何、徐並無，明帝泰始三年，度屬宋安郡，後省宋安，還此。宋安，本縣名，孝武大明八年，省義陽郡所統東隨二左郡立爲宋安縣，屬義陽。

明帝立爲郡。

隨陽太守，晉武帝分南陽義陽立義陽國，太康年，又分義陽爲隨國，屬荆州。孝武孝建元年度屬郢，前廢帝永光元年度屬雍，明帝泰始五年還屬郢，改爲隨陽〔八二〕，後廢帝元徽四年，度屬司州。徐志又有革音縣，今無。領縣四。户四千六百。去京都三千四百八十。

隨陽子相，漢隨縣屬南陽，晉太康地志屬義陽。後隨國與郡俱改。

永陽男相〔八三〕，徐志有。

闕西令〔八四〕，別見荆州，作厥西。宋末新立。

西平林令，宋末新立。

安陸太守，孝武孝建元年，分江夏立，屬郢州，後廢帝元徽四年度司州。徐志有安蠻縣，永初郡國、何並無，當是何志後所立。尋爲郡，孝武大明八年，省爲縣，屬安陸，明帝泰始初，又立爲左郡，宋末又省。領縣二〔八五〕。户六千四十三，口二萬五千八十四。去京都水二千三百。

安陸公相，漢舊縣，屬江夏。江夏又有曲陵縣〔八六〕，本名石陽，吴立。晉起居注，太康元年，改江夏石陽曰曲陵〔八七〕，明帝泰始六年，併安陸。

南汝南太守。汝南郡別見。

平輿令。

北新息令。

真陽令。

安城令。
南新息令。
安陽令。並別見。
臨汝令，新立。

校勘記

〔一〕升平元年刺史謝奕戍譙　「謝奕」，原作「謝弈」，據汲本、局本改。按晉書卷八穆帝紀，升平元年六月「以軍司謝奕爲使持節、都督、安西將軍、豫州刺史」。

〔二〕簡文咸安元年刺史桓熙戍歷陽孝武寧康元年刺史桓沖戍姑孰　「史桓熙戍歷陽孝武寧康元年刺」十三字原闕，據通鑑卷一二九宋紀大明五年胡注引沈約宋志補。按桓沖爲揚州刺史，督揚豫江三州諸軍事，鎮姑孰，在寧康元年七月，見晉書卷九孝武帝紀。

〔三〕綏定豫土　「豫」字上原有「南」字。通鑑卷一二九宋紀大明五年胡注引沈約宋志無「南」字，今據删。孫虨考論卷二亦云：「『南』字當衍。」

〔四〕十三年刺史劉義慶鎮壽陽　按本書卷二武帝紀中、卷五一宗室臨川烈武王道規傳附義慶傳，義熙十二年義慶從伐長安，十三年尚未歸。萬斯同東晉方鎮年表，劉義慶刺豫州自義熙十四年始。

〔五〕永初三年　「三年」，原作「二年」，據本書卷三武帝紀下、南齊書卷一四州郡志上改。本書武帝紀永初三年：「二月丁丑，詔曰：『豫州南臨江滸，北接河、洛，民荒境曠，轉輸艱遠，撫莅之宜，各有其便。淮西諸郡，可立爲豫州；自淮以東，爲南豫州。』」

〔六〕淮西爲豫州　錢大昕考異卷二三：「此下當有『治壽陽』三字。」

〔七〕文帝元嘉七年合二豫州爲一十六年又分二十二年又合孝武大明三年又分　「合二豫州爲一」至「孝武大明三年」凡二十三字原闕。錢大昕考異卷二三：「此條當有脱文，以本紀及南平王鑠傳考之，文帝元嘉七年，罷南豫州并豫州。十六年，復分豫州之淮南爲南豫州。二十二年，復罷南豫州并壽陽。孝武大明三年，分淮南北復置二豫州。五年，移南豫州治淮南于湖縣。于湖即姑孰也。當云：『文帝元嘉七年合二豫州爲一，十六年又分，二十二年又合，孝武大明三年又分。』則首尾相應矣。」按錢説是，今據補。

〔八〕四年以揚州之淮南宣城爲南豫州治宣城　錢大昕考異卷二三：「案帝紀，泰始五年，分豫州、揚州立南豫州。蓋分豫州之歷陽，揚州之淮南、宣城也。事見廬江王禕傳。志失書歷陽郡，又誤以爲四年事。」

〔九〕推尋便自得泰始兩豫分域地也　「地」，原作「也」，據三朝本、南監本、北監本、殿本、局本改。

〔一〇〕今領郡十九　「十」字原闕，據通鑑卷一一九宋紀永初三年胡注補。

〔一一〕雍丘令漢舊名屬陳留流寓立先屬秦郡　「秦郡」，原作「泰山郡」。孫虨考論卷二：「『泰山』

二字係『秦』字之訛。雍丘見南兗州秦郡。」按孫説是，今改正。

〔二〕後割地成實土永初郡國志又有鄭縣　原作「後割地志咸實土郡國又有鄭縣」，文舛奪不可通，孫彪考論卷二：「『志』字疑誤，應在『郡國』下，謂永初郡國志也。」今訂正。

〔三〕譙令漢屬沛晉太康地志屬譙　「譙令」，原作「醮令」，據南監本、北監本、汲本、殿本、局本改。按漢書卷二八上地理志上，譙縣屬沛郡。

〔四〕漢文帝十六年　「十」字原闕，據漢書卷二八上地理志上補。

〔五〕永初郡國又有虞陽夏安豐三縣　孫彪考論卷二：「按後列縣有虞，不當別言永初郡國有，前南汝陰郡安陽縣云，永初郡國屬南梁，『虞』字疑『安陽』二字之誤。」

〔六〕寧陵　依本書志例，「寧陵」下當有「令」或「長」字。

〔七〕南樓煩令　「煩」字原闕，據南齊書卷一四州郡志上補。按漢書卷二八下地理志下、續漢書郡國志五，雁門郡並有樓煩縣。此蓋渡江後僑置，以別僑立樓煩縣，故又加「南」字。

〔八〕屬晉熙　「屬」字原闕，據王象之輿地紀勝卷四六引宋書州郡志補。

〔九〕領縣六　按下祇五縣，疑有訛奪。本卷下文南豫州刺史光城左郡太守：「樂安令。茹由令。光城令。此三縣，徐志屬弋陽。」此弋陽郡領縣中，有樂安、茹由，無光城，疑脱此一縣。

〔一〇〕安豐令前漢地理志無　按漢書卷二八下地理志下六安國有安豐縣，此誤。

〔一一〕真陽令別見　原作「□陽令□真陽陽別見」，三朝本、南監本作「真陽令□真陽陽別見」，北監本、汲本作「真陽令真陽別見」，今據殿本、局本訂正。「真陽」，漢書卷二八上地理志上、續漢書郡國志二、晉書卷一四地理志上作「慎陽」。

〔二二〕瞿陽令　「瞿陽」，漢書卷二八上地理志上、續漢書郡國志二、水經注卷三一瀷水、晉書卷一四地理志上並作「灈陽」。

〔二三〕徐志南豫唯一苞信　「南豫」，原作「西豫」，據南監本、北監本、汲本、殿本、局本改。

〔二四〕陳郡太守　「陳郡」，原作「東郡」。洪頤煊諸史考異卷四：「『東郡』當依豫州下作『陳郡』。」孫虨考論卷二：「按東郡注『別見』而別無東郡，所領縣與陳郡盡同，蓋『陳』字爛半也。」今改正。

〔二五〕谷陽令　原作「父陽令」。洪頤煊諸史考異卷四：「『父陽』是『谷陽』之訛。太平寰宇記，谷陽，蓋谷水之陽，因以爲名。」按洪說是，今改正。谷陽本漢苦縣，東晉成帝更名谷陽。水經注卷二三陰溝水：「渦水又東北屈至賴鄉西，谷水注之。」又云：「谷水又東，逕賴鄉城南。」谷陽蓋以谷水之陽名縣。下同並改。

〔二六〕南頓太守　「南頓」，原作「南潁」。楊守敬札記：「『頓』誤作『潁』。」楊說是，今改正。按南齊書卷一四州郡志上，南豫州有南頓郡及西南頓郡。

〔二七〕武津令　本卷豫州刺史汝陽太守武津令：「何不注置立。」依本書志例，「武津令」後當有小字注「別見」二字。

〔二八〕即名爲縣屬陳左縣　按文字訛奪不可解。南齊書卷一四州郡志上豫州南汝陰郡下有南陳左縣。疑此當作「即名爲南陳左縣，屬南汝陰郡」。

〔二九〕以豫部蠻民立茹由樂安光城雩婁史水開化邊城七縣　「雩婁」下原衍「邊城」二字。錢大昕考異卷二三：「『邊城』字重出，雩婁下『邊城』兩字當删。」按錢説是，今據删。

〔三〇〕徐志有邊城郡領雩婁史水開化邊城四縣　「郡」，原作「兩」；「四」，原作「兩」。錢大昕考異卷二三：「上下『兩』字皆誤。詳其文義，謂立邊城郡，領雩婁等四縣也。上『兩』字疑『郡』字之訛，下『兩』字疑『四』字之訛。」按錢説是，今據改。

〔三一〕省光城左郡爲縣屬弋陽　「屬」字原闕。孫虨考論卷二：「『弋陽』上脱『屬』字。」按孫説是，今據補。

〔三二〕光城令　「光城」，原作「光地」，據南監本、北監本、汲本、殿本、局本改。

〔三三〕初安領新懷懷德二縣　上一「懷」字，原作小字注「疑脱一字」。孫虨考論卷二：「魏地形志，豫州有初安郡，領新懷、安昌、懷德、昭越四縣，可證『新』下脱一『懷』字。」按孫説是，今補正。

〔三四〕平樂令漢舊縣　錢大昕考異卷二三：「漢志山陽郡平樂侯國，武都郡平樂道，兩平樂並與此平樂別，不得言漢舊縣也。『平樂』疑是『平輿』之誤。」孫虨考論卷二：「『樂』當爲『輿』。」

〔三五〕晉成帝咸康二年　「二」字原闕，據南監本、北監本、汲本、殿本、局本補。

〔三六〕既入譙郡界　「郡」，原作「鄰」，據南監本、北監本、汲本、殿本、局本改。文選卷二七王仲宣從軍詩五首之五作「朝入譙郡界」。

〔三七〕去州陸道三百五十　據本書志例，疑衍「道」字。

〔三八〕蒙令漢舊縣屬沛　「沛」，疑當作「梁」。按成孺宋州郡志校勘記：「兩漢志，蒙並屬梁國，此作『沛』者，涉左方而誤也。」

〔三九〕孝武大明元年度徐州二年還豫　按本書卷六孝武帝紀，大明三年「春正月丁亥，割豫州梁郡屬徐州」，四年五月乙酉，「以徐州之梁郡還屬豫州」。此疑有誤。

〔四〇〕章帝元和三年更名　「元和三年」，續漢書郡國志二作「章和二年」。按後漢書卷四孝和帝紀云章和二年三月丁酉，「改淮陽爲陳國」。

〔四一〕梁王肜薨　「肜」，原作「彤」，據殿本改。按晉梁王司馬肜傳見晉書卷三八宣五王傳。

〔四二〕項城令漢舊縣屬汝南晉太康地志屬陳郡　孫虨考論卷二：「按漢、晉皆曰項，齊亦曰項，隋以來始曰項城，此『城』字疑衍。又晉太康無陳郡，當云屬梁。」

〔四三〕前漢屬淮陽後漢屬陳　「屬淮陽後漢」五字原闕。成孺宋州郡志校勘記：「案漢志，苦縣屬淮陽國。續志，豫州陳國，高帝置爲淮陽，章帝元和（按當是「章和」之誤）二年改。宋志當云『前漢屬淮陽，後漢屬陳』。今本脱『屬淮陽後漢』五字。」按成校是，今據補。

〔四四〕去州七百六十去京都陸一千四百五十　按陳、南頓二郡爲雙頭郡，其去州及京都水陸里數應當相同，是南頓太守水陸道里或當作「去州陸七百六十，去京都水一千四百五十」，即「去州」

下脱一「陸」字，「去京都」下誤「水」爲「陸」。

〔四五〕本名許　「名」，原作「昌」。成孺宋州郡志校勘記：「兩漢潁川郡並有許，無昌許。疑『昌』字爲『名』字之誤。」按成校是，今改正。

〔四六〕晉惠帝元康元年　「元康」，原作「太康」，據局本改。按太康爲晉武帝年號。

〔四七〕庾悦又治豫章　「庾悦」，南齊書卷一四州郡志上作「庾翼」。

〔四八〕領郡九　按下實領十郡，此云九郡，疑誤。

〔四九〕晉屬武昌郡既立治此　「郡既立治此」五字原在尋陽郡户口數下。孫虨考論卷二：「此五字當謂柴桑，移入後行。」按孫説是，今改正。

〔五〇〕彭澤子相　此四字原闕。孫虨考論卷二：「宋、齊以來，彭澤並無廢省。南齊書陳顯達封彭澤縣子，當宋時。是彭澤爲子相。當補『彭澤子相』四字。」按孫説是，今據補。

〔五一〕安豐縣名前漢無　張森楷校勘記：「按前漢志六安國有安豐縣，此云『前漢無』，誤。」

〔五二〕吴更名　水經注卷三九贛水：「牽水又東逕吴平縣，舊漢平也。晉太康元年，改爲吴平矣。」楊守敬、熊會貞水經注疏：「宋志：吴平侯相，漢靈帝中平中立曰漢平，吴更名。此作晉太康元年改，別有所據，蓋以晉是年平吴爲是。」

〔五三〕吴曰西安　「西安」，原作「要安」，據局本改。錢大昕考異卷二三：「『要安』當爲『西安』之訛。太平寰宇記，武寧縣，古西安縣也。後漢建安中，分海昏立西安縣。晉太康元年，改爲豫寧。三國志潘璋傳：「遷豫章西安長」，是吴時縣名西安之證。」按水經注卷三九贛水：「脩水東北逕豫寧縣，故要安也。晉太康元年，更從今名。」趙一清云：「『要』字誤，當作『西』。吴書太史慈傳，數爲寇於艾、西安是也。」

〔五四〕餘干令　「餘干」，漢書卷二八上地理志上、續漢書郡國志四、水經注卷三九贛水作「餘汗」。楊守敬隋書地理志考證：「元和志，漢餘汗縣，隋開皇九年，去水存干，名曰餘干。考宋、齊志已均作餘干，當是後人追改。」

〔五五〕巴丘男相吴立　「巴丘」，原作「巳丘」，據局本、晉書卷一五地理志下改。按三國志卷四八吴書孫晧傳，寶鼎二年「右丞相萬彧上鎮巴丘」。

〔五六〕安成太守　「安成」，原作「安城」，據局本、南齊書卷一四州郡志上、晉書卷一五地理志下改。按三國志卷四八吴書孫晧傳，寶鼎二年「分豫章、廬陵、長沙爲安成郡」。

〔五七〕領縣七　按下實領八縣，此云七縣，疑誤。

〔五八〕領縣七　「七」下原有小字注「疑」字，據南監本删。按此云「領縣七」，而下祇吴興、將樂、邵武、建陽、綏成、沙村六縣，蓋脱建安一縣。南齊書卷一四州郡志上、晉書卷一五地理志下並有建安縣。蓋本書傳寫時脱之。建安縣，漢獻帝建安初，孫策立。本書卷四五劉粹傳，宋世粹封建安縣侯，傳至孫無子國除。卷八六殷孝祖傳，泰始四年，封建安縣侯，齊受禪國除。是宋世有建安縣，且爲侯國，至確。疑吴興子相前一行，當補「建安侯相漢末立晉太康地志有」

十三字。

〔五九〕侯官□相　按「侯官」下所闕之一字，應爲封國之爵號。本書卷四九孫處傳云孫處於晉安帝義熙七年卒後，「追贈龍驤將軍、南海太守，封侯官縣侯」，則侯官，侯國也；侯官之相，侯相耳。疑「侯官」下之闕字爲「侯」字。

〔六〇〕歷城令　「歷城」，原作「廣城」。錢大昕考異卷二三：「當作『歷城』。」按漢書卷二八上地理志上、續漢書郡國志四濟南郡有歷城，錢説是，今改正。

〔六一〕宣帝本始元年　「本始」，原作「太始」，據局本改。成孺宋州郡志校勘記：「案漢宣帝紀年，有本始無太始。班志『宣帝本始元年更爲高密國』。」

〔六二〕晉惠帝又分城陽立　「立」字原闕。孫彪考論卷二：「按城陽下當有『立』字。」今據補。

〔六三〕去京都陸一千七百　「一」字原闕，據上下文例補。

〔六四〕北海太守漢景帝中二年立　「中二年」，原作「十二年」，據局本改。按漢景帝紀元無十二年。漢書卷二八上地理志上：「北海郡，景帝中二年置。屬青州。」

〔六五〕㧊令　「㧊」，漢書卷二八上地理志上、魏書卷一〇六中地形志中作「㡊」。續漢書郡國志四、晉書卷一五地理志下作「怰」。按㡊，漢東萊郡屬縣，出㡊布，則字應從巾。作「怰」、「㧊」者，並「㡊」之或體。

〔六六〕孝武孝建元年　「孝建」，原作「建」，據局本補。按殿本考證云：「『孝武』下當有一

『孝』字。」

〔六七〕不其令前漢屬琅邪後漢屬東萊晉太康地志屬長廣　「太康地志屬長廣」七字原重出，據三朝本、南監本、北監本、汲本、殿本、局本删。

〔六八〕又分青州立治歷城　「治」字原闕。孫虨考論卷二：「『歷城』上當有『治』字。」按孫説是，今據補。

〔六九〕中水令前漢屬涿　「前漢」，原作「前後」，據三朝本、南監本、北監本、汲本、殿本、局本改。按漢書卷二八上地理志上，涿郡有中水縣。

〔七〇〕城平令　「城平」，南監本、漢書卷二八上地理志上、續漢書郡國志二、晉書卷一四地理志上並作「成平」。

〔七一〕陰安令二漢屬魏魏屬陽平晉屬頓丘　「魏屬」二字原闕。孫虨考論卷二：「志文『陰安令，二漢屬魏』，『魏』，魏郡也，下當更有『魏屬』二字，連陽平爲句，『魏』則曹魏也，傳寫訛脱耳。」按孫説是，今據補。

〔七二〕安平令前漢屬涿　「屬」字原闕，據南監本、汲本、殿本、局本補。

〔七三〕晉太康地志屬高陽　「屬」字原闕。孫虨考論卷二：「『地志』下脱『屬』字。」按孫説是，今據補。

〔七四〕漢舊郡　「郡」，原作「縣」。張森楷校勘記：「『縣』當作『郡』。」按張説是，今據改。

〔七五〕二漢晉太康地志河東有垣縣　「河東有垣縣」，原作「何有東垣縣」。孫彪考論卷二：「當作『河東有垣縣』。」按漢書卷二八上地理志上、續漢書郡國志一、晉書卷一四地理志上，河東郡並有垣縣。孫説是，今據改。

〔七六〕晉太康地志屬河南　「河南」，原作「河東」。成孺宋州郡志校勘記：「新安不得屬河東郡，晉志新安屬河南郡，疑『東』爲『南』字之訛。」按成校是，今改正。

〔七七〕並漢舊縣屬河南　「並」，原作「北」，據成孺宋州郡志校勘記改。

〔七八〕凡七縣　錢大昕考異卷二三：「今數之，止六縣。」

〔七九〕凡十縣　錢大昕考異卷二三：「今數之，河内止九縣。」對照晉書卷一四地理志上司州河内郡，疑脱「州」一縣。

〔八〇〕凡六縣　錢大昕考異卷二三：「東京兆止五縣。」

〔八一〕後廢帝元徽四年屬司州　「司州」，原作「州司」，據南監本、北監本、汲本、殿本、局本乙正。

〔八二〕明帝泰始五年還屬郢改爲隨陽　洪頤煊諸史考異卷四：「案明帝紀，泰始五年四月辛未，割雍州隨郡屬郢州，未嘗改名隨陽。後廢帝紀，元徽四年九月丁亥，割郢州之隨郡屬司州。順帝紀，昇明二年十一月甲子，改封南陽王翽爲隨郡王，改隨陽郡。志誤。」

〔八三〕永陽男相　「永陽」，原作「水陽」，據南齊書卷一五州郡志下改。楊守敬札記：「永陽令誤作『水陽』。」

〔八四〕闞西令　「闞西」，原作「闞西」，據南齊書卷一五州郡志下改。成孺宋州郡志校勘記：「『闞』爲『闞』字之誤。」楊守敬札記：「闞西令誤作『闞西』。」

〔八五〕領縣二　按此云領縣二而下實安陸一縣，疑脱去應城縣。南齊書卷一五州郡志下有應城縣。元和郡縣圖志卷二八、太平寰宇記卷一三二並云分安陸立。本書卷五四孔季恭傳言大明中「安陸應城縣民張江陵」云云，則宋世安陸郡有應城縣至確，今本書無之，蓋脱去。

〔八六〕江夏又有曲陵縣　此原提行另起。楊守敬札記：「安陸、江夏二縣平列，誤也。江夏立縣始於隋，故齊志亦無江夏縣。（中略）此『又有』上『江夏』二字爲衍文，『又有』以下直接上安陸縣下，不知何時誤疊『江夏』二字，淺人遂以江夏爲縣而提行書之。」孫虨考論卷二：「案江夏又有曲陵云云，疑與上安陸實一條，後人誤分之以足領縣二之數。」按楊、孫二家説是。今訂正爲一條。

〔八七〕改江夏石陽曰曲陵　「曲陵」，原作「曲陽」。成孺宋州郡志校勘記：「『陵』，毛作『陽』，蓋涉石陽而誤，據上文訂正。」按成校是，今改正。

宋書卷三十七

志第二十七

州郡三

荆州　郢州　湘州　雍州　梁州　秦州

荆州刺史，漢治武陵漢壽，魏、晉治江陵，王敦治武昌，陶侃前治沔陽，後治武昌，王廙治江陵，庾亮治武昌，庾翼進襄陽，復還夏口，桓温治江陵，桓沖治上明，王忱還江陵〔一〕，此後遂治江陵。宋初領郡三十一，後分南陽、順陽、襄陽、新野、竟陵爲雍州，湘川十郡爲湘州，江夏、武陵屬郢州〔二〕，隨郡、義陽屬司州，北義陽省，凡餘十一郡。文帝世，又立宋安左郡，領拓邊、綏慕、樂寧、慕化、仰澤、革音、歸德七縣，後省改。汶陽郡又度屬。今領郡十二，縣四十八。户六萬五千六百四。去京都水三千三百八十。

南郡太守，秦立。漢高帝元年，爲臨江國，景帝中二年復故〔三〕。晉武帝太康元年改曰新郡，尋復故。宋初領縣九，後州陵、監利度屬巴陵；旌陽文帝元嘉十八年省併枝江。二漢無旌陽，見晉太康地志，疑是吴所立。凡餘六縣。户一萬四千五百四十四，口七萬五千八十七。

江陵公相，漢舊縣。

華容公相，漢舊縣，晉武太康元年省，後復立。

當陽男相，漢舊縣。

臨沮伯相，漢舊縣。晉太康、永寧地志屬襄陽，後度。

編縣男相，漢舊縣。

枝江侯相，漢舊縣。

南平内史，吴南郡治江南，領江陵、華容諸縣。晉武帝太康元年，分南郡江南爲南平郡，治作唐，後治江安。領縣四。户一萬二千三百九十二，口四萬五千四十九。去州水二百五十。去京都水三千五百，無陸。

江安侯相，晉武帝太康元年立。

孱陵侯相，二漢舊縣，屬武陵，晉太康地記屬南平。

作唐侯相，前漢無，後漢屬武陵，晉太康地記屬南平。

安南令，晉武帝分江安立〔四〕。

天門太守，吴孫休永安六年，分武陵立。充縣有松梁山，山有石，石開處數十丈，其高以努仰射不至，其上名「天門」，因此名郡。充縣後省。孝武孝建元年，度郢州，明帝泰始三年復舊。領縣四。户三千一百九十五。去州水一千二百，陸六百。去京都水三千五百。

澧陽令，晉武帝太康四年立。

臨澧令，晉武帝太康四年立。

零陽令，漢舊縣，屬武陵。

漊中令，二漢無，晉太康地志有，疑是吴立。

宜都太守，太康地志、王隱地道、何志並云吴分南郡立；張勃吴録云劉備立。按吴志〔五〕，吕蒙平南郡，據江陵，陸遜別取宜都，獲秭歸、枝江、夷道縣。初權與劉備分荊州，而南郡屬備，則是備分南郡立宜都，非吴立也。習鑿齒云，魏武平荊州，分南郡枝江以西爲臨江郡，建安十五年，劉備改爲宜都。領縣四。户一千八百四十三，口三萬四千二百二十。去州水三百五十，無陸。去京都水三千七百三十。

夷道令，漢舊縣。

佷山男相，前漢屬武陵，後漢屬南郡，晉武帝太康元年改爲興山，後復舊。

宜昌令，何志晉武帝立。按太康、永寧地志並無，疑是此後所立。

夷陵令，漢舊縣，吴改曰西陵，晉武帝太康元年復舊。

巴東公相，譙周巴記云，初平六年〔六〕，荆州帳下司馬趙韙建議分巴郡諸縣安漢以下爲永寧郡〔七〕。建安六年，劉璋改永寧爲巴東郡〔八〕，以涪陵縣分立丹興、漢葭二縣，立巴東屬國都尉，後爲涪陵郡。晉太康地志，巴東屬梁州，惠帝太安二年度益州，穆帝永和初平蜀，度屬荆州。永初郡國志無巴渠、黽陽二縣。領縣七。户一萬三千七百九十五，口四萬五千二百三十七。去州水一千三百。去京都水四千六百八十。

魚復侯相，漢舊縣，屬巴郡，劉備章武二年，改爲永安，晉武帝太康元年復舊。

朐䏰令，漢舊縣，屬巴郡。

新浦令，何志新立。

南浦令，劉禪建興八年十月，益州牧閻宇表改羊渠立〔九〕。羊渠不詳，何志吴立。

漢豐令，何志不注置立。太康地志巴東有漢昌縣，疑是〔一〇〕。

巴渠令，何志不注置立。

黽陽令，何志不注置立。晉末平吳時〔一一〕，峽中立武陵郡，有黽陽、黔陽縣，咸寧元年並省。

汶陽太守，何志新立〔一二〕。先屬梁州〔一三〕，文帝元嘉十一年度。宋初有四縣，後省汶陽縣。今領三縣。户九百五十八，口四千九百一十四。去州水七百，陸四百。去京都四千一百。

僮陽令，何志新立。

沮陽令，何志新立。

高安令，何志新立。

南義陽太守，義陽郡别見。晉末以義陽流民僑立。宋初有四縣，孝武孝建二年，以平陽縣併厥西。平陽本爲郡，江左僑立。魏世分河東爲平陽郡，晉末省爲縣。今領縣二。户一千六百七，口九千七百四十一。

厥西令，二漢無，晉太康地志屬義陽。

平氏令，漢舊名，屬南陽。

新興太守，魏志建安二十年，省雲中、定襄、五原、朔方四郡，郡立一縣，合爲此郡，屬并州。晉江左僑立。宋初六縣，後省雲中，漢舊名，屬雲中。孝武孝建二年，又省九原縣漢舊名，屬五原。併定襄，宕渠流寓立。併廣牧。凡今領縣三。户二千三百一，口九千五百八十四。

定襄令，漢舊名。

廣牧男相，漢舊名，屬朔方。

新豐令，漢舊名，屬京兆。僑流立。

南河東太守，河東郡，秦立。晉成帝咸康三年，征西將軍庾亮以司州僑户立。宋初八縣，孝武孝建二年，以廣戚前漢屬沛，後漢、晉太康地志屬彭城。江左流寓立。併聞喜，弘農、江左立僑郡，後併省爲縣。臨汾併松滋，安邑併永安。臨汾、安邑漢舊名。臨汾後屬平陽〔一四〕。今領縣四。户二千四百二十三，口一萬四百八十七。去州水一百二十。去京都水三千五百。

聞喜令，故曲沃，秦改爲左邑，漢武帝元鼎六年，行幸至此，聞南越破，改名聞喜。

永安令，前漢彘縣，順帝陽嘉二年更名，後屬平陽。

松滋令，前漢屬廬江，後漢無，晉屬安豐。疑是有流民寓荆土，故立。

譙縣令，别見。譙流民寓立。

建平太守，吴孫休永安三年，分宜都立，領信陵、興山、秭歸、沙渠四縣。晉又有建平都尉，領巫、北井、泰昌、建始四縣。晉武帝咸寧元年，改都尉爲郡，於是吴、晉各有建平郡。太康元年吴平，併合。五年，省建始縣，後復立。永初郡國有南陵、建始、信陵、興山、永新、永寧、平樂七縣，今並無。按太康地志無南陵、永新、永寧、平樂、新鄉五縣，疑是江左所立。信陵、興山、沙渠，疑是吴立。建始，晉初所立也。領縣七。户一千三百二十九，口二萬八百一十四。去州水陸一千。去京都水四千三百八十。

巫令，漢舊縣。

秭歸侯相，漢舊縣。

歸鄉公相，何志，故屬秭歸，吴分。按太康地志云，秭歸有歸鄉，故夔子國，楚滅之，而無歸鄉縣，何志所言非也〔一五〕。

北井令，晉太康地志有。先屬巴東，晉武帝泰始五年度建平。

泰昌令，晉太康地志有。

沙渠令，晉起居注，太康元年立。按沙渠是吴建平郡所領，吴平不應方立，不詳。

新鄉令。

永寧太守，晉安帝僑立爲長寧郡，宋明帝以名與文帝陵同，改爲永寧。宋初五縣，後省綏安〔一六〕。晉安帝立。孝武孝建二年後，以僮陽晉安帝立。併長寧，綏寧晉安帝立。併上黃。今領縣二。户一千一百五十七，口四千二百七十四。去州陸六十。去京都三千四百三十。

長寧侯相，晉安帝立。

上黃男相，宋初屬襄陽，後度。二漢、晉並無此縣。

武寧太守，晉安帝隆安五年，桓玄以沮、漳降蠻立。領縣二。户九百五十八，口四千九百一十四。

樂鄉令，晉安帝立。

長林男相，晉安帝立。

郢州刺史，魏文帝黃初三年，以荆州江北諸郡爲郢州，其年罷并荆，非今地。吳又立郢州。孝武孝建元年，分荆州之江夏、竟陵、隨、武陵、天門，湘州之巴陵，江州之武昌，豫州之西陽，又以南郡之州陵、監利二縣度屬巴陵，立郢州。天門後還荆。領郡六，縣三十九。户二萬九千四百六十九，口十五萬八千五百八十七。去京都水二千一百。

江夏太守，漢高帝立，本屬荆州。永初郡國及何志並治安陸，此後治夏口。又有安陸、曲陵，曲後別郡〔一七〕。領縣七。户五千七十二，口二萬三千八百一十。

汝南侯相，本沙羨土，晉末汝南郡民流寓夏口，因立爲汝南縣。沙羨令，漢舊縣，吳省。晉武太康元年復立，治夏口。孝武太元三年，省併沙陽，後以其地爲汝南實土。

沌陽子相，江左立。

孝昌侯相，永初郡國、何志並無，徐志有，疑是孝武世所立。

惠懷子相，江左立。

沙陽男相，二漢舊縣，本名沙羨，屬武昌，晉武帝太康元年更名，又立沙羨，而沙陽徙今所治。文帝元嘉十六年度巴陵，孝武孝建元年度江夏。

灄陽子相，晉惠帝世，安陸人朱伺爲陶侃將，求分安陸東界爲此縣〔一八〕。

蒲圻男相，晉武帝太康元年立。本屬長沙，文帝元嘉十六年度巴陵，孝武孝建元年度江夏。

竟陵太守，晉惠帝元康九年，分江夏西界立。何志又有宋縣，徐無。領縣六。户八千五百九十一，口四萬四千三百七十五。去州水一千四百。去京都水三千四百。

萇壽令，明帝泰始六年立。

竟陵侯相，漢舊縣，屬江夏。

新市子相，漢舊縣，屬江夏。

霄城侯相〔一九〕，永初郡國有，何、徐不注置立。

新陽男相，永初郡國有，何、徐不注置立。

雲杜侯相，漢舊縣，屬江夏。

武陵太守，前漢地理志，高帝立。續漢郡國志云，秦昭王立，名黔中郡，高帝五年更名。本屬荆州。領縣十。户五千九十，口三萬七千五百五十五。去州水一千。去京都水三千。

臨沅男相，漢舊縣。

龍陽侯相，晉太康地理志、何志吴立。

漢壽伯相，前漢立〔二〇〕，後漢順帝陽嘉三年更名。吴曰吴壽，晉武帝復舊。

沅南令，漢光武建武二十六年立。

遷陵侯相，漢舊縣。

辰陽男相，漢舊縣。

舞陽令，前漢作無陽，後漢無，晉太康地志有。

酉陽長，漢舊縣。

黚陽長，二漢無，晉太康地志有。

沅陵令，漢舊縣。

巴陵太守，文帝元嘉十六年，分長沙之巴陵、蒲圻、下雋，江夏之沙陽四縣立，屬湘州，孝武孝建元年，割南郡之監利、州陵度江夏〔二一〕，屬郢州。二年，又度長寧之綏安屬巴陵。何志訖元嘉二十年，巴陵郡以十六年立，應在何志而闕。領縣四。户五千一百八十七，口二萬五千三百一十六。去州水五百。去京都水二千五百。

巴陵男相，晉武帝太康元年立，屬長沙。本領度支校尉，立郡省。

下雋侯相，漢舊縣，屬長沙。

監利侯相，按晉起居注，太康四年，復立南郡之監利縣，尋復省之。言由先有而被省也，疑是吴所立，又是吴所省。孝武孝建元年度。

州陵侯相，漢舊縣，屬南郡，晉武帝太康元年復立，疑是吴所省也。孝武孝建元年度。明帝泰始四年，以綏安縣併州陵。

武昌太守，晉起居注，太康元年，改江夏爲武昌郡。領縣三。户二千五百四十六，口一萬一千四百一十一。去京都水一千一百。

武昌侯相，魏文帝黄初二年，孫權改鄂爲武昌〔二二〕。

陽新侯相，吴立。

鄂令，漢舊縣，屬江夏。吴改鄂爲武昌，晉武帝太康元年，復立鄂縣，而武昌如故。

西陽太守，本縣名，二漢屬江夏，魏立弋陽郡，又屬焉。晉惠帝又分弋陽爲西陽國，屬豫州，宋孝武孝建元年，度郢州，明帝泰始五年，又度豫，後又還郢。永初郡國、何、徐並有弋陽縣。今領縣十。户二千九百八十三，口一萬六千一百二十。去州水二百八十。去京都水一千七百二十。

西陽令，漢舊縣，屬江夏，後屬弋陽。

西陵男相，漢舊縣，屬江夏，後屬弋陽。

孝寧侯相，本軑縣，漢舊縣。孝武自此伐逆，即位改名。

蘄陽令，二漢江夏郡有蘄春縣，吴立爲郡，晉武帝太康元年，省蘄春郡〔三〕，而縣屬弋陽，後屬新蔡，孝武大明八年，還西陽。

義安令，明帝泰始二年以來流民立。

蘄水左縣長，文帝元嘉二十五年，以豫部蠻民立建昌、南川、長風、赤亭、魯亭、陽城、彭波、遷溪、東丘、東安、西安、南安、房田、希水、高坡、直水、蘄水、清石十八縣，屬西陽。孝武大明八年，赤亭、彭波併陽城，其餘不詳何時省。

東安左縣長，前廢帝永光元年，復以西陽蘄水、直水、希水三屯爲縣〔二四〕。

建寧左縣長，孝武大明八年省建寧左郡爲縣，屬西陽。徐志有建寧縣，當是此後爲郡。

希水左縣長。

陽城左縣長，本屬建寧左郡，孝武大明八年，省西陽之赤亭、陽城、彭波三縣併建寧之陽城縣〔二五〕，而以縣屬西陽。

湘州刺史，晉懷帝永嘉元年，分荆州之長沙、衡陽、湘東、邵陵、零陵、營陽、建昌，江州之桂陽八郡立，治臨湘。成帝咸和三年省。安帝義熙八年復立，十二年又省。宋武帝永初三年又立，文帝元嘉八年省。十六年又立〔二六〕，二十九年又省。孝武孝建元年又立〔二七〕。建昌郡，晉惠帝元康九年，分長沙東北下雋諸縣立，成帝咸康元年省。元嘉十六年立巴陵郡屬湘州，後度郢。領郡十，縣六十二。戶四萬五千八十九，口三十五萬七千五百七十二。去京都水三千三百。

長沙内史，秦立。宋初十縣，下雋、蒲圻、巴陵屬巴陵。今領縣七。戶五千六百八十四，口四萬六千二百一十三。

臨湘侯相，漢舊縣。

醴陵侯相，後漢立。

瀏陽侯相，吴立。

吴昌侯相，後漢立曰漢昌，吴更名。

羅縣侯相，漢舊縣。

攸縣子相，漢舊縣。

建寧子相，吴立。

衡陽内史，吴孫亮太平二年，分長沙西部都尉立。領縣七。户五千七百四十六，口二萬八千九百九十一。去州水二百二十。去京都水三千七百。

湘西令，吴立。

湘南男相，漢舊縣，屬長沙。

益陽侯相，漢舊縣，屬長沙。

湘鄉男相，前漢無，後漢屬零陵。

新康男相，吴曰新陽，晉武帝太康元年更名。

重安侯相，前漢曰鍾武，後漢順帝永建三年更名，屬零陵。

衡山男相，吴立曰衡陽，晉惠帝更名。

桂陽太守，漢高立，屬荆州，晉惠帝元康元年度江州。領縣六。户二千二百一十九，口二萬二千一百九十二。去州水一千四百。去京都水四千九百四十。

郴縣伯相，漢舊縣。

耒陽子相，漢舊縣。

南平令，漢舊縣。

臨武令，漢舊縣。

汝城令，江左立。

晉寧令，漢順帝永和元年立，曰漢寧，吴改曰陽安，晉武帝太康元年改曰晉寧。

零陵内史，漢武帝元鼎六年立。領縣七。户三千八百二十八，口六萬四千八百二十八。去州一千四百〔二八〕。去京都水四千八百。

泉陵子相，漢舊縣。

洮陽侯相，漢舊縣。

零陵子相，漢舊縣。

祁陽子相，吴立。明帝泰始初度湘東，五年復舊。

應陽男相，晉惠帝分觀陽立。

觀陽男相，吴立。

永昌令，吴立。

營陽太守，江左分零陵立。領縣四。户一千六百八，口二萬九百二十七。去州水一千七百一。去京都水五千五百五十。

營浦侯相，漢舊縣，屬零陵。

營道侯相，漢舊縣，屬零陵。

春陵令，前漢舊縣，春陵侯徙國南陽，省。吴復立，屬零陵。

泠道令，漢舊縣，屬零陵。

湘東太守，吴孫亮太平二年，分長沙東部都尉立。晉世七縣，孝武太元二十年，省酃、漢舊縣。利陽、新平張勃吴録有此二縣，利作梨，晉作利音。三縣。今領縣五。户一千三百九十六，口一萬七千四百五十。去州水陸七百。去京都水三千六百。

臨烝伯相，吴屬衡陽，晉太康地志屬湘東。

新寧令，吴立。

茶陵子相，漢舊縣，屬長沙。

湘陰男相，後廢帝元徽二年，分益陽、羅、湘西及巴、硤流民立。

陰山令，陰山乃是漢舊縣，而屬桂陽。吴湘東郡有此陰山縣，疑是吴所立。

邵陵太守，吴孫晧寶鼎元年，分零陵北部都尉立。領縣七。户一千九百一十六，口二萬五千五百六十五。去州水七百，陸一千三百。去京都水四千五百。

邵陵子相，何志屬長沙。按二漢無，吴録屬邵陵。

武剛令〔二九〕，晉武分都梁立。

建興男相，晉武帝分邵陵立。

高平男相，吴立。晉武帝太康元年，改曰南高平，後更曰高平。

都梁令，漢舊縣，屬零陵。

邵陽男相，吴立曰昭陽，晉武改。

扶縣令，漢舊縣，至晉曰夫夷。漢屬零陵，晉屬邵陵。案今云扶者，疑是避桓温諱去「夷」，「夫」不可爲縣名，故爲「扶」云。

廣興公相，吴孫晧甘露元年，分桂陽南部都尉〔三〇〕，立爲始興郡。晉武帝平吴，以屬廣州，成帝度荆州，宋文帝元嘉二十九年，又度廣州，三十年，復度湘州。明帝泰始六年，立岡溪縣〔三二〕，割始興之封陽、陽山、含洭四縣〔三三〕，立宋安郡，屬湘州。泰豫元年復□〔三三〕，省岡溪縣，改始興曰廣興。領縣七。户一萬一千七百五十六，口七萬六千三百二十八〔三四〕。去州水二千三百九十。去京都水五千。

曲江侯相，漢舊縣，屬桂陽。

桂陽令〔三五〕，漢舊縣，屬桂陽。

陽山侯相，漢舊縣，後漢曰陰山〔三六〕，屬桂陽。吴始興郡無此縣，當是晉後立。

貞陽侯相，漢舊縣，名湞陽，屬桂陽。宋明帝泰始三年，改「湞」爲「貞」。

含洭男相，漢舊縣，屬桂陽。

始興令，吴立。

中宿令，漢舊縣，屬南海，吴度。

臨慶内史，吴分蒼梧立爲臨賀郡，屬廣州，晉成帝度荆州，宋文帝元嘉二十九年，度廣州，三十年，復度湘州。明帝改名。領縣九。户三千七百一十五，口三萬一千五百八十七。去州水陸二千八百。去京都水陸五千五百七十。

臨賀侯相，漢舊縣。晉太康地志、王隱云屬南海，而二漢屬蒼梧，當是吴所度。

馮乘侯相，漢舊縣，屬蒼梧。

富川令，漢舊縣，屬蒼梧。

封陽侯相，漢舊縣。

興安侯相，吴立曰建興，晉武帝太康元年更名。

謝沐長，漢舊縣，屬蒼梧。

寧新令，二漢無，當是吴所立，屬蒼梧，晉武帝太康元年更名。

開建令，文帝分封陽立宋昌、宋興、開建、武化、徃徃、徃音生。永固、綏南七縣。後又分開建、武化、宋昌三縣立宋建郡，屬廣州。孝武大明元年悉省，唯餘開建縣。

撫寧令，宋末立。

始建内史，吴孫晧甘露元年，分零陵南部都尉立始安郡，屬廣州，晉成帝度荆州，宋文帝元嘉二十九年，度廣州，三十年，復度湘州。明帝改名。領縣七。户三千八百三十，口二萬二千四百九十。去州水二千八十，陸二千六百三十。去京都水五千五百九十。

始安子相，漢舊縣，屬零陵。

熙平令，吴立爲尚安，晉武改。

永豐男相，吴立。

荔浦令，漢舊縣，屬蒼梧。

平樂侯相，吳立。

建陵男相，吳立，屬蒼梧，宋末度。

樂化左令，宋末立。

雍州刺史，晉江左立。胡亡氏亂，雍、秦流民多南出樊、沔，晉孝武始於襄陽僑立雍州，并立僑郡縣。宋文帝元嘉二十六年，割荆州之襄陽、南陽、新野、順陽、隨五郡爲雍州〔三七〕，而僑郡縣猶寄寓在諸郡界。孝武大明中，又分實土郡縣以爲僑郡縣境。徐志雍州有北上洛、北京兆、義陽三郡。北上洛，晉孝武立，領上洛、北商、酇陽、陽亭、北拒陽五縣。北京兆領北藍田、霸城、山北三縣。並云景平中立。義陽，云晉安帝立，領平氏、襄鄉二縣。酇陽、陽亭、北拒陽，並云安帝立，餘縣不注置立。今並無此三郡。今領郡十七，縣六十。户三萬八千九百七十五，口十六萬七千四百六十七。去京都水四千四百，陸二千一百。

襄陽公相，魏武帝平荆州，分南郡編以北及南陽之山都立，屬荆州。魚豢云，魏文帝立。永初郡國、何志並有宜城、漢舊縣，屬南郡。鄀、上黄縣，並別見。徐志無。領縣三。户四千二十四，口一萬六千四百九十六。

襄陽令，漢舊縣，屬南郡。

中廬令，漢舊縣，屬南郡。

邔縣令〔三八〕，漢舊縣，屬南郡。

南陽太守，秦立，屬荆州。永初郡國有比陽、魯陽、赭陽、西鄂、犨、葉、雉、博望八縣。並漢舊縣。何志無犨、雉。徐志無比陽、魯陽、赭陽、西鄂、博望，而有葉，餘並同。孝武大明元年，省葉縣。領縣七。户四千七百二十七，口三萬八千一百三十二。去州三百六十。去京都水四千四百。

宛縣令，漢舊縣。

涅陽令，漢舊縣。

云陽男相，漢舊縣。故名育陽，晉孝武改。

冠軍令，漢舊縣，武帝分穰立。

酈縣令，漢舊縣。

舞陰令，漢舊縣。

許昌男相，徐志無，此後所立。本屬潁川。

新野太守，何志晉惠帝分南陽立。永初郡國、何志有棘陽、別見。蔡陽、鄧縣。並漢舊縣。徐無。孝武大明元年，省蔡陽。今領縣五。户四千二百三十五，口一萬四千七百九十三。去州一百八十。去京都水四千五百八十。

新野侯相，漢舊縣，屬南陽。文帝元嘉末省，孝武大明元年復立。

山都男相，漢舊縣，屬南陽，晉太康地志屬襄陽，永初郡國及何、徐屬新野〔三九〕。

池陽令，漢舊名，屬馮翊，晉太康地志屬京兆。僑立亦屬京兆。孝武大明中土斷，又屬此。

穰縣令，漢舊縣，屬南陽。

交木令，孝武大明元年立。

順陽太守，魏分南陽立曰南鄉，晉武帝更名。成帝咸康四年，復立南鄉，後復舊。永初郡國及何志有朝陽、武當、酇、陰、汎陽、筑、並別見。析、前漢屬弘農，後漢屬南陽。脩陽唯見永初郡國。凡八縣。徐志唯增朝陽。朝陽，孝武大明元年省。領縣七。户四千一百六十三，口二萬三千一百六十三。

南鄉令，前漢無，後漢有，屬南陽。

槐里男相，漢舊名，屬扶風，晉太康地志屬始平。僑立亦屬始平。大明土斷屬此。

順陽侯相，前漢曰博山，後漢明帝更名，屬南陽。

清水令，前漢屬天水，後漢爲天水漢陽[四〇]，無此縣。晉太康地志屬略陽。僑立屬始平。大明土斷屬此。

朝陽令，漢舊縣。

丹水令，前漢屬弘農，後漢屬南陽。何志魏立，非也。

鄭縣令，漢舊名，屬京兆。僑立亦屬京兆，後度此。

京兆太守，故秦內史，漢高帝元年，屬塞國，二年，更爲渭南郡，九年罷，復爲內史。武帝建元六年，分爲右內史，太初元年，更爲京兆尹，魏改爲京兆郡。初僑立，寄治襄陽。朱序没氏。孝武太元十一年復立。大明土斷，割襄陽西界爲實土。雍州僑郡先屬府，武帝永初元年屬州。永初郡國有藍田、漢舊縣。鄭、池陽、並別見。南霸城、本霸陵，漢舊縣。太康地志曰霸城，何志魏□。新康五縣。何志無新康而有新豐。徐無。孝武大明元年，省京兆之盧氏、藍田、霸城縣。盧氏當是何志後所立[四一]，二漢屬弘農，晉太康地志屬上洛。新康疑是晉末所立。領縣三。戶二千三百七，口九千二百二十三。

杜令，二漢曰杜陵，魏改。

鄧縣令，漢舊縣，屬南陽。

新豐令，漢舊縣。

始平太守，晉武帝泰始二年，分京兆、扶風立。後分京兆、扶風僑立，治襄陽。今治武當。永初郡國唯有始平、平陽、清水別見。三縣。何志有槐里、別見。宋寧、宋嘉何志新立。三縣，而清水、始平與永初郡國同。領縣四。户二千七百九十七，口五千五百十二。

武當侯相，漢舊縣，屬南陽，後屬順陽。

始平令，魏立。

武功令，漢舊名，故屬扶風，晉太康地志屬始平。

平陽子相，江左平陽郡民流寓，立此。

扶風太守，故秦内史。高帝元年，屬雍國，二年，更爲中地郡，九年罷。後爲内史。武帝建元六年，分爲右内史，太初元年更名爲右扶風。僑立，治襄陽，今治筑口。永初郡國及何志唯有郿、魏昌縣〔四二〕，魏昌，魏立，屬中山。孝武大明元年省魏昌。領縣三。户二千一百五十七，口七千二百九十。

筑陽令，漢舊縣，屬南陽，又屬順陽。大明土斷屬此。

郿縣令，漢舊名，屬扶風，晉太康地志屬秦國。

汎陽令，晉武帝太康五年立，屬南鄉，仍屬順陽。大明土斷屬此。

南上洛太守，永初郡國、何志雍州並有南上洛郡，寄治魏興，今梁州之上洛是也。此上洛蓋是何志以後僑立耳。今治臼。何、徐志雍州南上洛，晉武帝立，北上洛云晉孝武立，非也。徐有南北陽亭、陽安縣，不注置立。今領縣二。户一百四十四，口四百七十七。

上洛男相。別見。

商縣令。別見。

河南太守，故秦三川郡，漢高帝更名。光武都雒陽，建武五年，改曰河南尹〔四三〕。僑立，始治襄陽，孝武大明中，分沔北爲境。永初郡國及何志並又有陽城、緱氏縣，漢舊名，並屬河南。徐無此二縣，而有僑洛陽。漢舊名。陽城縣，孝武大明元年省。洛陽，當是何志後立。領縣五。户三千五百四十一，口一萬三千四百七十。去州陸三十五。

河南令，漢舊名。

新城令，漢舊名。

河陰子相，魏立。

棘陽令，漢縣，故屬南陽，晉太康地志屬義陽，後屬新野。大明土斷屬此。

襄鄉令，前漢無，後漢有，屬南陽。徐志屬義陽。當是大明土斷屬此。

廣平太守，別見。江左僑立，治襄陽，今爲實土。永初郡國及何志並又有易陽、曲周、邯鄲，並見在。無鄲、比陽。徐無復邯鄲縣。易陽、曲周，孝武大明元年省。邯鄲應是土斷省。領縣四。户二千六百二十七，口六千二百九十三。

廣平令，漢舊名。徐志，南度以朝陽縣境立。

酇縣令，漢舊縣，屬南陽，後屬順陽。

比陽令，漢舊縣，屬南陽。

陰縣令，漢舊縣，屬南陽。

義成太守，晉孝武立，治襄陽，今治均。永初郡國又有下蔡、平阿縣，二縣前漢屬沛，後漢屬九江，晉太康地志屬淮南。何同。孝武大明元年省下蔡，始亦流寓立也。平阿當是何志後省。領縣二。户一千五百二十一，口五千一百一。

義成侯相，晉孝武立。

萬年令，漢舊名，屬馮翊。

馮翊太守，故秦内史，高帝元年，屬塞國，二年，更名爲河上郡〔四四〕，九年罷，復爲内史。武帝建元六年，分爲左内史，太初元年，更名。三輔流民出襄陽，文帝元嘉六年立，則何志應有而無。治襄陽。今治鄀〔四五〕。領縣三疑〔四六〕。户二千七十八，口五千三百二十一。

鄀縣令，漢舊縣，屬南郡，作「若」字。晉太康地志作「鄀」。永初郡國及何志屬襄陽，徐屬此。

高陸令，晉太康地志屬京兆。永初郡國、何志並無，孝武大明元年復立。

南天水太守，天水郡别見。徐志本西戎流寓。今治巖州。永初郡國、何志並無，當是何志後所立。又有冀縣，漢舊名。孝武大明元年省。領縣四。户六百八十七，口三千一百二十二。

華陰令，前漢屬京兆，後漢、魏、晉屬弘農。

西縣令，前漢屬隴西，後漢屬漢陽，即天水，魏、晉屬天水。

略陽侯相。别見。

河陽令〔四七〕。别見。

建昌太守，孝建元年，刺史朱脩之免軍户爲永興、安寧二縣，立建昌郡，又立永寧爲昌國郡，並寄治襄陽。昌國後省。徐志，建昌又有永寧縣，今無。領縣二。户七百三十二，口四千二百六十四。

永興令。

安寧男相。

華山太守，胡人流寓，孝武大明元年立。今治大隄。領縣三。户一千三百九十九，口五千三百四十二。

華山令，與郡俱立。

藍田令，漢舊名，本屬京兆。

上黄令，本屬襄陽，立郡割度。

北河南太守，晉孝武太元十年立北河南郡，後省。永初郡國、何、徐志並無。明帝泰始末復立。寄治宛中。領縣八。

新蔡令。別見。

汝陰令。別見。

苞信令。別見。

上蔡令。別見。

固始令。別見。

緱氏令。別見。

新安令。別見。

洛陽令。別見。

弘農太守，漢武帝元鼎四年立〔四八〕。宋明帝末立，寄治五壟。領縣三。

邯鄲令，漢舊名，屬趙國。晉太康地志無此縣。

圉縣令，前漢屬淮陽，後漢屬陳留。晉太康地志無此縣。

盧氏令。別見。

梁州刺史，禹貢舊州，周以梁併雍，漢以梁爲益，治廣漢雒縣。魏元帝景元四年平蜀，復立梁州，治漢中南鄭，而益州治成都。李氏據梁、益，江左於襄陽僑立梁州。李氏滅，復舊。譙縱時，又没漢中〔四九〕。刺史治魏興。縱滅，刺史還治漢中之苞中縣，所謂南城也。文帝元嘉十年，刺史甄法護於南城失守，刺史蕭思話還治南鄭。永初郡國又有宕渠郡、北宕渠郡。宋起居注，元嘉十六年，割梁州宕渠郡度益州。今益部宕渠郡曰南宕渠。何、徐並有北宕渠郡，唯領宕渠一縣。何云，本巴西流民。今無。

漢中太守，秦立。漢獻帝建安二十年，魏武平張魯，復漢寧郡爲漢中，疑是此前改漢中曰漢寧也〔五〇〕。晉地記云，孝武太元十五年，梁州刺史周瓊表立〔五一〕。又疑是李氏所省，李氏平後復立。永初郡國又有苞中、懷安漢、晉、何、徐並無二縣。二縣〔五二〕。領縣四。户一千七百八十六。口一萬三百三十四。

南鄭令，漢舊縣。

城固令，漢舊縣。

沔陽令，漢舊縣。

西鄉令，蜀立曰南鄉，晉武帝太康二年更名。

魏興太守，魏文帝以漢中遺民在東垂者立，屬荆州。江左還本。領縣十三疑〔五三〕。去州一千二百。去京都水六千七百。

西城令，漢舊縣，屬漢中。

鄖鄉令，本錫縣〔五四〕，二漢舊縣，屬漢中，後屬魏興，魏、晉世爲郡，後省。武帝太康五年，改爲鄖鄉。何志晉惠帝立，非也。

錫縣令，前漢長利縣，屬漢中，後漢省。晉武帝太康四年復立，屬魏興。五年，改長利爲錫。

廣城令，永初郡國、何、徐並有，不注置立。

興晉令，魏立曰平陽，晉武帝太康元年更名。

旬陽令，前漢有，後漢無，晉武帝太康四年復立。

上廉令〔五五〕，晉太康地志、永初郡國、徐並屬上庸，何無。

長樂令，永初郡國、何、徐並屬晉昌。本蜀郡流民。

廣昌子相，何志屬上庸，晉成帝立。晉地記，武帝太康元年，改上庸之廣昌爲庸昌，二年省。疑是魏所立。

安晉令，永初郡國、何、徐屬晉昌。本蜀郡流民。

延壽令，永初郡國、何、徐屬晉昌。本蜀郡流民。

宣漢令，永初郡國、何、徐屬晉昌。本建平流離民。

新興太守，永初郡國、何、徐云新興、吉陽、東關三縣，屬晉昌郡。何云晉元帝立，本巴、漢流民。宋末省晉昌郡，立新興郡，以晉昌之長樂、安晉、延壽、安樂屬魏興郡，宣漢屬巴渠郡，寧都屬安康郡。永初郡國有永安縣，何、徐無。今亦無復新興縣。何云巴東夷人。今領縣二。

吉陽令，本益州流民。

東關令，本建平流民。

新城太守，故屬漢中，魏文帝分立，屬荆州。江左還本。領縣六。户一千六百六十八，口七千五百九十四。去州陸一千五百。去京都水五千三百。

房陵令，漢舊縣，屬漢中，太康地志、王隱無。

綏陽令，魏立，後改爲秭歸，晉武帝太康二年，復爲綏陽。

昌魏令，魏立。

祁鄉令，何志魏立。晉太康地志作「泝」。音祁。

閬陽令，何志不注置立。

樂平令，何志不注置立。

上庸太守，魏明帝太和二年，分新城之上庸、武陵、北巫爲上庸郡。景初元年，又分魏興之魏陽，錫郡之安富、上庸爲郡。疑是太和後省，景初又立也。魏屬荆州，江左還本。永初郡國有上庸、廣昌。何有廣昌。領縣七。户四千五百五十四，口二萬六百五十三。去州陸二千三百。去京都水六千七百。

上庸令，漢舊縣，屬漢中。

安富令〔五六〕，晉太康地志、永初郡國、何、徐並有。

北巫令，何志晉武帝立。按魏所分新城之巫，應即是此縣，然則非晉武立明矣。

微陽令，魏立曰建始，晉武帝改。

武陵令，前漢屬漢中，後漢、晉太康地志、王隱並無。

新安令，永初郡國、何、徐有。何云本建平流民。

吉陽令，永初郡國云北吉陽，何、徐無。

晉壽太守，晉地記云，孝武太元十五年，梁州刺史周瓊表立〔五七〕。何志故屬梓潼。而益州南晉壽郡悉有此諸縣。永初郡國、徐又有南晉壽、南興、樂南、興安縣。何無南興樂，云南晉壽，惠帝立，餘並不注置立。今領縣四。去州陸一千二百。去京都水一萬。

晉壽令，屬梓潼。何志晉惠帝立。按晉起居注，武帝太康元年，改梓潼之漢壽曰晉壽。漢壽之名，疑是蜀立，云惠帝立，非也。

白水令，漢舊縣，屬廣漢，晉太康地志屬梓潼。

邵歡令，永初郡國、何、徐並有，不注置立，疑是蜀立曰昭歡，晉改也。

興安令，永初郡國、何、徐並有，不注置立。

華陽太守，徐志新立。永初郡國、何並無〔五八〕，寄治州下。領縣四。戶二千五百六十一，口萬五千四百九十四。

華陽令。

興宋令。

宕渠令。

嘉昌令，徐不注置立。

新巴太守，晉安帝分巴西立。何、徐又有新歸縣，何云新立，今無。領縣三。戶三百九十三，口二千七百四十九。

新巴令〔五九〕，晉安帝立。

晉城令，晉安帝立。

晉安令，晉安帝立。

北巴西太守，何志不注置立。宋起居注，文帝元嘉十二年，於劍南立北巴西郡〔六〇〕，屬益州。今益州無此郡。又永初郡國、何、徐梁州並有北巴西而益州無，疑是益部僑立，尋省；梁州北巴西是晉末所立也。永初郡國領閬中、漢昌二縣。何又有宋昌縣，云新立。徐無宋昌，有宋壽。何、徐並領縣四，今六疑〔六一〕。去州一千四百。去京都水九千九百。

閬中令。別見。

安漢令。別見。

南國令。即南充國，別見。

西國令。即西充國，別見。

平周令，益州巴西有平州縣。

北陰平太守，晉太康地志故廣漢屬國都尉。何志蜀分立。永初郡國曰北陰平，領陰平、綿竹、平武、資中、胄旨五縣。何、徐直曰陰平，領二縣與此同。户五百六，口二千一百二十四。寄治州下。

陰平令，前漢、後漢屬廣漢屬國，名宙底〔六二〕。晉太康地志陰平郡陰平縣注云，宙底。當是故宙底爲陰平〔六三〕。永初郡國胄旨縣，即宙底也。當是後又立此縣，而字誤也。

平武令，蜀立曰廣武，晉武帝太康元年更名。

南陰平太守，永初郡國唯領陰平一縣。徐志無南字，云陰平舊民流寓立，唯領懷舊一縣。何無。今領縣二。户四百七。

陰平令。

懷舊令，徐志不注置立。

巴渠太守，何志新立。領縣七。户五百，口二千一百八十三。

宣漢令，別見。與郡新立。

始興令，何志新立。

巴渠令，何志新立。

東關令，何志新立。

始安令，何志新立。

下蒲令，何志無，徐志不注置立。

晉興令，何志晉安帝立。案永初郡國，梁部諸郡，唯巴西有此縣，不容是此晉興。若是晉安帝時立，便應在永初郡國，疑何謬也。

懷安太守，何志新立。領縣二。户四百七，口二千三百六十六。寄治州下。

懷安令，何志新立。

義存令，何志新立。

宋熙太守，何、徐志新立。領縣五。户一千三百八十五，口三千一百二十八。去州七百。去京都九千八百。

興樂令〔六四〕。

歸安令。

宋安令。

元壽令。

嘉昌令，何志五縣並新立。

白水太守，永初郡國、何並無，徐志仇池氏流寓立。有漢昌縣。今領縣六。户六百五。

新巴令。

漢德令。

晉壽令。

益昌令。

興安令。

平周令，徐志作「平州」。此五縣，徐並不注置立。

南上洛太守，晉太康地志分京兆立上洛郡，屬司隸。永初郡國、何志並屬雍州，僑寄魏興，即此郡也。徐志巴民新立。徐志時已屬梁州矣。永初郡國無豐陽而有陽亭，何、徐有，何不注陽亭置立。領縣六。

上洛令，前漢屬弘農，後漢屬京兆。何云魏立，非也。

商縣令，上洛同。

流民令，何不注置立。

豐陽長〔六五〕，永初郡國無，何作酆陽，新立。徐作豐。

渠陽令，永初郡國、何、徐並作拒陽。

義縣令，永初郡國、何、徐並無。

北上洛太守，徐志巴民新立〔六六〕。領縣七。户二百五十四。

北上洛令。

豐陽令〔六七〕。

流民令。

陽亭令。

拒陽令，「拒」字與南上洛不同。

商縣令，徐志無。

西豐陽令〔六八〕，徐志無。

安康太守，宋末分魏興之安康縣及晉昌之寧都縣立。

安康令，二漢安陽縣，屬漢中，漢末省。魏復立，屬魏興。晉武帝太康元年更名。

何云魏立，非也。

寧都令，蜀郡流民。

南宕渠太守，永初郡國有宕渠郡，領宕渠、漢興、宣漢三縣，屬梁州，元嘉十六年，度屬益州，非此南宕渠也。何、徐梁並無此郡，疑是徐志後所立。

宕渠令。

漢安令。

宣漢令。

宋康令。三縣並新置。

懷漢太守，孝武孝建二年立〔六九〕。領縣三。户四百十九。

永豐長。

綏來長〔七〇〕。

預德長。

秦州刺史，晉武帝泰始五年，分隴右五郡及涼州金城、梁州陰平并七郡爲秦州，治天水冀縣。太康三年併雍州，惠帝元康七年復立。何志晉孝武復立，寄治襄陽。安帝世在漢中南鄭。領郡十四，縣四十二。户八千七百三十二，口四萬八百八十八。

武都太守，漢武帝元鼎六年立。永初郡國又有河池、故道縣。並漢舊縣。今領縣三。户一千二百七十四，口六千一百四十。

下辨令〔七一〕，漢舊縣。

上祿令，漢舊縣，後省，晉武帝太康三年又立。

陳倉令，漢舊縣，屬扶風，晉太康地志屬秦國。

略陽太守，晉太康地志屬天水〔七二〕。何志故曰漢陽，魏分立曰廣魏，武帝更名。永初郡國有清水縣，別見。何、徐無。領縣三。户一千三百五十九，口五千六百五十七。

略陽令，前漢屬天水，後漢漢陽即天水〔七三〕，晉太康地志屬略陽。雍州南天水、益州安固郡又有此縣。

臨漢令，何志新立。

上邽令，前漢屬隴西，後漢屬漢陽，晉太康地志屬天水。何志流寓割配。

安固太守，永初郡國志有安固郡，又有南安固郡，元嘉十六年度益州。今領縣二。户一千五百五，口二千四百四十四。

桓陵令。別見。

南桓陵令，永初郡國及何志安固郡唯領桓陵一縣，徐志又有此縣。

西京兆太守，晉末三輔流民出漢中僑立。領縣三。户六百九十三，口四千五百五十二。

藍田令，別見。永初郡國志無。

杜令。別見。

鄠令，二漢屬扶風，晉太康地志屬始平。

南太原太守，太原別見。何志云，故屬并州，流寓割配。永初郡國又有清河、別見。高堂縣。別見冀州平原郡，作高唐〔七四〕。領縣一。户二百三十三，口一千一百五十六。

平陶令，漢舊名。

南安太守，何志云故屬天水，魏分立。永初郡國無。領縣二。户六百二十，口三千八十九。

桓道令，漢舊名，屬天水，後漢屬漢陽，作「獂」。

中陶令，何志魏立。晉太康地志有。

馮翊太守，三輔流民出漢中，文帝元嘉二年僑立。領縣五。户一千四百九十，口六千八百五十四。

蓮芍令。別見。

頻陽令，漢舊名。

下辨令，徐志故屬略陽，流寓割配。何無此縣。

高陸令，二漢、魏無，晉太康地志有，屬京兆。何志流寓割配。

萬年令。別見。

隴西太守，秦立。文帝元嘉初，關中民三千二百三十六户歸化，六年立。今領縣六。户一千五百六十一，口七千五百三十。

襄武令，漢舊名。

臨洮令，漢舊名。

河關令，前漢屬金城，後漢、晉太康地志屬隴西。

狄道令，漢舊名。

大夏令，漢舊名，晉太康地志無。

首陽令〔七五〕。

始平太守，別見。永初郡國無。領縣三。户八百五十九，口五千四百四十一。

始平令，太康地志有，何志晉武帝立，而雍州始平郡之始平縣何云魏立。按此縣未雖各立，本是一縣，何爲不同？

槐里令。別見。

宋熙令，何無，徐新立。

金城太守，漢昭帝始元六年立。永初郡國無，何、徐領縣二。户三百七十五，口一千。

金城令，漢舊名。

榆中令，漢舊名。

安定太守，漢武帝元鼎三年立。永初郡國志無。領縣二。户六百四十，口二千五百一十八。

朝那令，漢舊名。

宋興令，何志新立。

天水太守，漢武元鼎三年立，明帝改曰漢陽。雍州已有此郡〔七六〕。永初郡國無。領縣二。户八百九十三，口五千二百二十八。

阿陽令，漢舊名，晉太康地志無。

新陽令〔七七〕，晉太康地志有，何志魏立。

西扶風太守，扶風郡别見〔七八〕。晉末三輔流民出漢中僑立。領縣二。户百四十四。

郿令。别見。

武功令。别見。

北扶風太守，孝武孝建二年，以秦、雍流民立。領縣三。時又有廣長郡，又立成階縣，領氐民，尋省。

武功令。別見。

華陰令。別見。

始平縣〔七九〕。別見。

校勘記

〔一〕王忱還江陵　「王忱」，原作「王説」，據南齊書卷一五州郡志下改。洪頤煊諸史考異卷四：「『王説』是『王忱』之訛。（中略）晉書王忱傳，太元中，出爲荆州刺史。」

〔二〕江夏武陵屬郢州　「武陵」，原作「武陽」。孫彪考論卷二：「『武陽』當是『武陵』。」按孫説是，今改正。

〔三〕南郡太守秦立漢高帝元年爲臨江國景帝中二年復故　「漢高帝」，原作「漢文帝」；「中二年」，原作「中元年」，並據漢書卷二八上地理志上改。漢書地理志上南郡下云：「秦置，高帝元年更爲臨江郡，五年復故。景帝二年（按當作七年）復爲臨江，中二年復故。」本書略去高帝五年省臨江國復置南郡，景帝七年復爲臨江國一節，「高帝」訛爲「文帝」，「中二年」又訛爲

「中元年」。漢書卷一上高帝紀上，元年以懷王柱國共敖爲臨江王，則本書作「臨江國」是，漢書地理志上作「臨江郡」者誤。景帝七年復爲臨江國，以廢太子榮爲臨江王，至中二年榮自殺，國除。

〔四〕安南令晉武帝分江安立　成孺宋州郡志校勘記：「案晉志作『南安』。水經澧水注：澧水又東逕南安縣南。即此。」按水經注卷三七澧水：「澧水又東逕南安縣南，晉太康元年，分孱陵立。」熊會貞疏：「元和志、舊唐志亦作『南安』，宋志、齊志、隋志、宋本寰宇記、輿地廣記則作『安南』，與此同。錯出已久，未能定爲孰是，當兩存之。宋志晉武帝分江安立，與此微異。」

〔五〕按吴志　「吴志」，原作「吴吉」，據南監本、北監本、汲本、殿本、局本改。

〔六〕初平六年　「六年」，晉書卷一四地理志上作「元年」。成孺宋州郡志校勘記：「案獻帝初平紀年僅四年，『六年』疑有誤。晉志益州下云，獻帝初平元年，劉璋分巴郡立永寧郡，知『六』爲『元』字之誤，當據正。」按晉書卷一四地理志上：「獻帝初平元年，劉璋分巴郡立永寧郡。」錢大昕考異卷一九：「劉焉以興平元年卒，子璋始爲益州牧，則初平元年璋尚未牧益州，諸書之『初平』或當爲『興平』之訛乎？」

〔七〕荆州帳下司馬趙韙建議分巴郡諸縣安漢以下爲永寧郡　「安漢」，原作「漢安」，據局本改。按錢大昕考異卷二三云：「『荆州』當作『益州』。」「『漢安』當作『安漢』。」成孺宋州郡志校勘記云：「三國志劉焉傳，州太史趙韙等共上璋爲益州刺史，詔書因以韙爲征東中郎將。疑趙韙當是益州下司馬，且志注引英雄記曰，璋使趙韙進攻荆州，其非荆州帳下司馬甚明，故考異云『「荆州」當作「益州」』。」「安漢，毛作漢安。案續志漢安隸犍爲郡，安漢隸巴郡。此明係巴郡屬縣，自當作安漢。續志巴郡注引譙周巴記曰：『分巴爲二郡，安漢以下爲永寧郡。』正作安漢。考異云『「漢安」當作「安漢」』，得之。」

〔八〕劉璋改永寧爲巴東郡　錢大昕考異卷二三據華陽國志，云建安六年「乃改固陵爲巴東。若永寧之分，雖與固陵同時，其後改稱巴西，與巴東不相涉」。按華陽國志卷一巴志：「璋乃改永寧爲巴郡，以固陵爲巴東。」

〔九〕南浦令劉禪建興八年十月益州牧閻宇表改羊渠立　華陽國志卷一巴志，南浦縣「晉初置」。

〔一〇〕漢豐令何志不注置立太康地志巴東有漢昌縣疑是　華陽國志卷一巴志：「漢豐縣，建安二十一年置。」按晉書卷一四地理志上梁州巴西郡領漢昌縣，巴東郡無漢昌縣。

〔一一〕晉末平吴時　「晉末平吴」，顯誤。疑「末」爲「未」之訛。

〔一二〕汶陽太守何志新立　錢大昕考異卷二三：「汶陽本臨沮西界。（中略）桓温時，割以爲郡。西北接梁州新城，東北接南襄陽，南接巴、巫。然則汶陽郡晉時已有之，何承天以爲新立者，非也。」

〔一三〕先屬梁州　「梁州」，原作「渠州」，據局本改。

〔一四〕臨汾後屬平陽　「平陽」，原作「陽平」。成孺宋州郡志校勘記：「按晉志，司州平陽郡臨汾，今據乙正。」按成校是，今乙正。

〔一五〕而無歸鄉縣何志所言非也　洪亮吉東晉疆域志：「考晉書劉弘傳有仇勃爲歸鄉令，是晉有此縣矣。何志所言不誣，沈非之，誤也。」

〔一六〕後省綏安　「綏安」，原作「經安」。本卷下文郢州刺史巴陵太守州陵侯相下云：「明帝泰始四年，以綏安縣併州陵。」即此縣。今改正。

〔一七〕又有安陸曲陵曲後别郡　「曲後别郡」四字費解。按安陸、曲陵二縣，曾屬江夏郡，孝武帝孝建元年，别爲安陸郡。「曲後别郡」或是「後别爲郡」之誤。

〔一八〕求分安陸東界爲此縣　「安陸」，原作「安陵」，據洪亮吉東晉疆域志改。孫虨考論卷二亦云：「『陵』當作『陸』。」

〔一九〕霄城侯相　「霄城」，原作「宵城」，據本書卷四六趙倫之傳、南齊書卷一五州郡志下改。

〔二〇〕漢壽伯相前漢立　成孺宋州郡志校勘記：「漢志，武陵郡索。應劭曰，順帝更名漢壽。續志，武陵郡漢壽，故索，陽嘉三年更名。據志例推之，『立』字衍，『前漢』下脱『曰索』二字。」孫虨考論卷二：「『立』字誤。按漢壽本前漢索縣，當云『前漢曰索』。」

〔二一〕孝武孝建元年割南郡之監利州陵度江夏　成孺宋州郡志校勘記：「按監利、州陵二縣，歷代未隸江夏郡。考本志郢州刺史下云，孝武孝建元年，又以南郡之州陵、監利二縣度屬巴陵，立郢州。據此，則『江夏』二字當爲『巴陵』之誤。文蓋涉右方江夏而訛耳。」

〔二二〕魏文帝黃初二年孫權改鄂爲武昌　「二年」，原作「三年」，據三國志卷四七吳書吳主傳改。

〔二三〕省蘄春郡　「省」字下原有「爲」字，成孺宋州郡志校勘記：「晉太康省郡，而縣改屬弋陽，故晉志弋陽郡有蘄春縣。『爲』字當衍。」按成校是，今據删。

〔二四〕復以西陽蘄水直水希水三屯爲縣　「直水」，原作「巳水」，據殿本、局本改。按蘄水、直水、希水並見於本卷上文「蘄水左縣長」條。

〔二五〕省西陽之赤亭陽城彭波三縣併建寧之陽城縣　「彭波」，原作「彭城」，據局本改。按成孺宋州郡志校勘記：「案蘄水左縣長下云：孝武大明八年，赤亭、彭波併陽城，故考證云，『「彭城」當作「彭波」』。今據以訂正。」

〔二六〕十六年又立　「十六年」，原作「十七年」，據本書卷五文帝紀改。成孺宋州郡志校勘記：「文帝紀，元嘉十六年正月，復分荆州爲湘州。二月，以始興王濬爲刺史。『七』當作『六』。」

〔二七〕孝武孝建元年又立　按本書卷六孝武帝紀云元嘉三十年六月，「丙辰，以侍中南譙王世子恢爲湘州刺史」。通鑑卷一二七宋紀元嘉三十年胡注亦云湘州又立在元嘉三十年。

〔二八〕去州一千四百　據上下文例，疑「州」下脱「水」字。

〔二九〕武剛令　「武剛」，水經注卷三八資水作「武岡」。按本書卷四七劉敬宣傳：「以敬宣爲輔國將軍、晉陵太守，襲封武岡縣男。」

〔三〇〕分桂陽南部都尉　「部」字原闕，據三國志卷四八吳書孫晧傳補。成孺宋州郡志校勘記：「三國志孫晧傳，甘露元年十一月，以零陵南部爲始安郡，桂陽南部爲始興郡。據此「南」下似脱「部」字。」

〔三一〕明帝泰始六年立岡溪縣　「岡溪」，原作「岡溪」，據三朝本、北監本、汲本、殿本、局本及本卷下文改。

〔三二〕割始興之封陽陽山含洭四縣　數之秖三縣。成孺宋州郡志校勘記：「『四』當作『三』。」

〔三三〕泰豫元年復□　成孺宋州郡志校勘記：「疑『復』下所闕，當是『故』字。」

〔三四〕口七萬六千三百二十八　「口」，原作「户」，據三朝本、南監本、北監本、汲本、殿本、局本改。

〔三五〕桂陽令　「陽」字原闕，據漢書卷二八上地理志上、續漢書郡國志四、南齊書卷一五州郡志下、晉書卷一五地理志下補。按水經注卷三九深水：「桂陽者，縣本隸桂陽郡，後割屬始興。」成孺宋州郡志校勘記：「兩漢志桂陽郡並有桂陽縣，無桂縣。此誤脱『陽』字，當據補。」

〔三六〕陽山侯相漢舊縣後漢曰陰山　漢書卷二八上地理志上桂陽郡所領有陽山、陰山二縣，侯國。陽山下顔注：「應劭曰：『今陰山也。』師古曰：『下自有陰山。應説非也。』」按續漢書郡國志四荆州桂陽郡領陰山縣，無陽山縣。則陽山後漢省。疑本書從應説而誤。

〔三七〕宋文帝元嘉二十六年割荆州之襄陽南陽新野順陽隨五郡爲雍州　錢大昕考異卷二三：「案隨郡本屬荆州，孝武孝建元年度屬郢，前廢帝永光元年度屬雍，明帝泰始五年還屬郢，改爲隨陽，後廢帝元徽四年度屬司州，見司州下。是元嘉廿六年隨未嘗屬雍也。又考宋時雍州刺史如劉遵考、劉道産、蕭思話、武陵王駿，俱稱『都督荆州之南陽竟陵順陽襄陽新野隨六郡諸軍事』，蓋在元嘉二十六年以前，雍州未有實土也。隨王誕以元嘉二十六年除刺史，柳元景以元嘉末、孝建初兩除刺史，武昌王渾以孝建元年除刺史，劉延珍以孝建二年除刺史，並云『都督荆州之竟陵隨二郡諸軍事』，不及南陽等四郡者，已在雍州管内也，而隨郡仍繫之荆州，可證元嘉時隨未嘗屬雍矣。至大明二年除海陵王休茂、五年除永嘉王子仁及劉秀之、八年除晉安王子勛，並稱『都督郢州之竟陵隨二郡』，則此二郡孝武時屬郢州之證也。及前廢帝永光元年五月割郢州隨郡屬雍州，自後湘東王彧、沈攸之除雍州刺史，但云『都督郢州之竟陵』，不言隨郡。至明帝泰始五年四月，隨郡又改屬郢州，故張興世傳復云『都督郢州之竟陵隨二郡』也。袁顗以永光元年九月、張永以泰始四年除刺史，本傳稱『督郢州之竟陵隨二郡』；巴陵王休若以泰始二年除刺史，本傳稱『都督荆州之竟陵隨二郡』，皆誤。」

〔三八〕𨙸縣令　「𨙸」，殿本、局本、漢書卷二八上地理志上南郡、續漢書郡國志四南郡、三國志卷三魏書明帝紀、南齊書卷一五州郡志下襄陽郡、晉書卷一五地理志下襄陽郡作「邔」。按漢書地理志上南郡邔縣孟康注：「音忌。」師古注：「音其己反。」惠棟後漢書補注卷二三：「前志及本傳皆作『邔』。章懷音其紀反。」錢大昕考異卷一四：「邔，侯國。淄川王終子柱所封。」説文邑部：「邔，南郡縣也。从邑己聲。」水經注卷四〇禹貢山水澤地所在：「三澨地在南郡邔縣北沱。」或謂「𨙸」字不誤，古漢上之巴國邑此，待考。

〔三九〕永初郡國及何徐屬新野　「新野」，原作「新陽」。孫虨考論卷二：「『新陽』當爲『新野』。」按孫説是，今改正。

〔四〇〕後漢爲天水漢陽　孫虨考論卷二：「當云『後漢天水爲漢陽』。」按續漢書郡國志五涼州漢陽郡：「武帝置，爲天水，永平十七年更名。」

〔四一〕盧氏當是何志後所立　「盧氏」，原作「盧郎」，據北監本、汲本、殿本、局本及本卷上文改。

〔四二〕永初郡國及何志唯有酈魏昌縣　「酈」，原作「郡」。孫虨考論卷二：「『郡』疑『酈』字之訛。」按孫説是，今據改。

〔四三〕建武五年改曰河南尹　「五年」，續漢書郡國志一作「十五年」。按譚其驤兩漢州制考跋：「按列傳歐陽歙（卷六十九上），世祖即位，除爲河南尹，建武五年坐事免，王梁（卷十二）繼之爲河南尹，三年而遷：是建武元年已改郡爲尹矣，不待十五年。」

〔四四〕二年更名爲河上郡　「二年」，原作「三年」，據漢書卷二八上地理志上改。

〔四五〕今治都　「都」，原作「郡」。成孺宋州郡志校勘記據下文改，是，今改正。

〔四六〕領縣三疑　成孺宋州郡志校勘記：「『三』下原注『疑』字。馮翊祇統都、高陸二縣，而乃云『領縣三』，故校者注云『疑』也。今案南齊志馮翊郡屬縣三，曰都，曰蓮勺，曰高陸，疑此志本亦屬縣三，而傳寫者誤脱蓮勺與？」孫虨考論卷二：「按南齊領都、蓮勺、高陸三縣，此秦州馮翊有蓮勺，注云『別見』，而別不見，其爲訛脱明矣。」按成、孫二家説是。都縣下，高陸縣上似脱

「蓮勺令，漢舊縣，屬馮翊」云云一條。

〔四七〕河陽令　「河陽」，本卷下文秦州天水太守條作「阿陽」，疑作「阿陽」者是。漢書卷二八下地理志下、續漢書郡國志五、魏書卷一〇六下地形志下、水經注卷二〇漾水並作「阿陽」。漢書卷三高后紀顔注：「阿陽，天水之縣也。今流俗書本或作河陽者，非也。」按「阿陽」之作「河陽」，最早見於此志及南齊書卷一五州郡志下。其後周書卷一六獨孤信傳、隋書卷三〇地理志中、元和郡縣圖志卷三九秦州、太平寰宇記卷一五〇隴右道一並作「河陽」。太平寰宇記且云：「河陽，漢置縣，亦在河之西北，故曰河陽。」

〔四八〕弘農太守漢武帝元鼎四年立　「四年」，原作「六年」，據漢書卷二八上地理志上改。

〔四九〕譙縱時又没漢中　「没」，原作「治」。孫虨考論卷二：「或即『殁』、『没』字形訛也。」按南齊書卷一五州郡志下：「後爲譙縱所没。」作「没」是，今據改。

〔五〇〕魏武平張魯復漢寧郡爲漢中疑是此前改漢中曰漢寧也　「曰漢寧也」之「漢」字原闕。按元和郡縣圖志卷二二：「後漢末，張魯據漢中，改漢中爲漢寧郡，曹公討平之，復爲漢中郡。」今據補。

〔五一〕梁州刺史周瓊表立　「瓊」字原闕。孫虨考論卷二：「按時梁州刺史周瓊，脱『瓊』字。」孫説是，今據補。按晉書卷五八周訪傳附周瓊傳，瓊代楊亮爲梁州刺史，在孝武世。

〔五二〕永初郡國又有苞中懷安二縣　「苞」字下原衍「縣作」二字，今删去。上文梁州刺史下云：

「刺史還治漢中之苞中縣，所謂南城也。」是有苞中無「苞縣」之證。

〔五三〕領縣十三疑　成孺宋州郡志校勘記：「『三』下原注『疑』字。魏興所隸祇有十二縣，故校者注云『疑』也。今案新興太守下云，宋末以晉昌之長樂、安晉、延壽、安樂屬魏興郡。疑沈志此郡本有安樂令，而傳寫者失之，故縣數不符。」

〔五四〕鄖鄉令本錫縣　「錫」，漢書卷二八上地理志上作「鍚」。應劭曰：「音陽。」師古曰：「即春秋所謂錫穴。」如應劭音，字本作「鍚」。然左傳文公十一年「至于錫穴」杜預注：「錫音羊，或作『鍚』。」經典釋文：「『錫』字本作『鍚』。」則作「錫」作「鍚」，魏晉南北朝隋唐之世，已無定論。

〔五五〕上廉令　「上廉」，原作「上庸」。楊守敬札記：「上廉令誤作『上庸』。晉志、南齊志並有上廉縣。（中略）別有上庸縣屬上庸。」按楊說是，今改正。

〔五六〕安富令　「安富」，原作「富安」，據局本改。按華陽國志卷二漢中志、晉書卷一五地理志下、南齊書卷一五州郡志下並作「安富」。成孺宋州郡志校勘記：「案上文上庸太守序作『安富』，知此亦當作『安富』。」

〔五七〕孝武太元十五年梁州刺史周瓊表立　「周瓊」，原作「周馥」。按周馥見晉書卷六一周浚傳附周馥傳，西晉末爲鎮東將軍、都督揚州諸軍事，未嘗爲梁州刺史。周瓊見晉書卷五八周訪傳附周瓊傳，孝武世，代楊亮爲梁州刺史。知「周馥」爲「周瓊」之誤。今改正。

〔五八〕永初郡國何並無　「何」下原有「徐」字，孫虨考論卷二：「『徐』字疑衍。」按上云「徐志新立」，此不當更出「徐」字。孫說是，今據删。

〔五九〕新巴令　「新巴」，原作「新安」，據南齊書卷一五州郡志下改。成孺宋州郡志校勘記：「南齊志新巴郡屬縣三，新巴、晉城、晉安。疑宋志本亦作『新巴』，與郡俱立，爲郡治。寫者涉下晉安帝，遂譌爲『新安』耳。」

〔六〇〕於劍南立北巴西郡　「北巴西」，原作「北巴南」，據南監本、北監本、殿本、局本改。

〔六一〕何徐並領縣四今六疑　按本書北巴西祇有五縣，故校者注云「疑」。孫虨考論卷二：「南齊書七縣，有漢昌、宋壽，此蓋闕漢昌。」

〔六二〕宙底　漢書卷二八上地理志上廣漢郡、續漢書郡國志五廣漢屬國都尉、華陽國志卷二漢中志陰平郡作「甸氐」。「宙」、「甸」形似而訛。然下文云永初郡國作「冑旨」，「冑」與「宙」音近，又似本卷作「宙底」者或有所本。

〔六三〕當是故宙底爲陰平　「陰平」，原作「陰中」，據三朝本、南監本、北監本、汲本、殿本、局本改。

〔六四〕興樂令　「興樂」，南齊書卷一五州郡志下作「興平」。

〔六五〕豐陽長　「豐陽」，原作「農陽」。成孺宋州郡志校勘記：「疑『農』即『豐』字形近之訛。」按成校是，此縣南齊書卷一五州郡志下南上洛郡作北豐陽，可證「農陽」是「豐陽」之訛。今改正。

〔六六〕徐志巴民新立　「民」字原闕。成孺宋州郡志校勘記：「南上洛引徐志云巴民新立，則此『新立』上亦當有『民』字。」按成校是，今據補。

〔六七〕豐陽令　「豐陽」，原作「農陽」，據南齊書卷一五州郡志下改。按南齊志北上洛郡有豐陽縣。

〔六八〕西豐陽令　「陽」字原闕，據南齊書卷一五州郡志下補。成孺宋州郡志校勘記：「南上洛已有豐陽，故此冠以西。疑宋志本亦作『西豐陽』。」

〔六九〕懷漢太守孝武孝建二年立　「懷漢」，南齊書卷一五州郡志下梁州作「懷安」。本書卷六孝武帝紀，大明元年三月，「梁州獠求内屬，立懷漢郡」。此云孝建二年立，未知孰是。

〔七〇〕綏來長　「綏來」，南齊書卷一五州郡志下作「綏成」。

〔七一〕下辨令　「下辨」，原作「下辯」，據漢書卷二八下地理志下武都郡、續漢書郡國志五武都郡改。按本書二名錯出，今統改爲「下辨」，不另出校。

〔七二〕略陽太守晉太康地志屬天水　成孺宋州郡志校勘記：「案晉泰始中，已改魏廣魏郡爲略陽郡，略陽縣即郡志（按：「志」字當是「治」字之誤），太康時已不得屬天水。何況略陽天水各自爲郡，略陽太守何得屬天水耶？疑『太康地志』下脱『故』字。」

〔七三〕後漢漢陽即天水　「漢陽」，原作「陽漢」，據南監本、北監本、汲本、殿本、局本改。按續漢書郡國志五凉州漢陽郡：「武帝置，爲天水，永平十七年更名。」

〔七四〕別見冀州平原郡作高唐　「冀州」，原作「青州」。成孺宋州郡志校勘記：「平原郡高唐，漢屬青州，晉、宋屬冀州。此云平原郡作高唐，當是指本志言之，『青』當作『冀』。青州無高唐也。」按成校是，今改正。本書卷三六州郡志二云冀州刺史平原太守高唐令爲「漢舊縣」。

〔七五〕首陽令　「令」字原闕，據本書志例補。

〔七六〕雍州已有此郡　「郡」，原作「縣」。孫虨考論卷二：「當云『雍州已有此郡』。」按孫說是，今據改。

〔七七〕新陽令　「陽」字原闕，據晉書卷一四地理志上、南齊書卷一五州郡志下補。成孺宋州郡志校勘記：「晉志、南齊志天水郡並有新陽，無『新縣』。疑『新』下脱『陽』字。」

〔七八〕扶風郡別見　「見」，原作「有」，據三朝本、南監本、局本及本書志例改。

〔七九〕始平縣　「縣」字，據本書志例當作「令」或「長」。

宋書卷三十八

志第二十八

州郡四

益州　寧州　廣州　交州　越州

益州刺史，漢武帝分梁州立，所治別見梁州，領郡二十九，縣一百二十八。户五萬三千一百四十一，口二十四萬八千二百九十三。去京都水九千九百七十。

蜀郡太守，秦立。晉武帝太康中，改曰成都國，後復舊。領縣五。户一萬一千九百二，口六萬八百七十六。

成都令，漢舊縣。

郫令，漢舊縣。

繁縣令，漢舊縣。

鞞縣令，二漢、晉太康地志並曰牛鞞，屬犍爲，何志晉穆帝度此。

永昌令，孝建二年，以僑户立。

廣漢太守，漢高帝六年立。晉太康地志屬梁州。領縣六。户四千五百八十六，口二萬七千一百四十九。去州陸六百。去京都水九千九百。

雒縣令，漢舊縣。

什邡令，漢舊縣。

郪縣令，漢舊縣。

新都令，漢舊縣，晉武帝爲王國，太康六年省爲縣，屬廣漢。

陽泉令，蜀分綿竹立。

伍城令，晉武帝咸寧四年立，太康六年省，七年又立。何志劉氏立〔一〕。

巴西太守，譙周巴記，建安六年，劉璋分巴郡墊江以上爲巴西郡。徐志本南陽冠軍流民，寓入蜀漢，晉武帝立。非也。本屬梁州，文帝元嘉十六年度。何志梁、益二州無此郡。領縣九。户四千九百五十四，口三萬三千三百四十六。

閬中令，漢舊縣，屬巴郡。

西充國令，漢書地理志，巴郡有充國縣。續漢郡國志，和帝永元二年，分閬中立充國縣。二志不同。晉太康地志有西南二充國，屬巴西。

南充國令，譙周巴記，初平四年〔二〕，分充國爲南充國。

安漢令，舊縣，屬巴郡〔三〕。

漢昌令，和帝永元中立。

晉興令，徐志不注置立。

平州令，晉武帝太康元年，以野民歸化立。

懷歸令，徐志不注置立。

益昌令，徐志不注置立。

梓潼太守，晉太康地志劉氏分廣漢立。本屬梁州，文帝元嘉十六年，度益州。永初郡國又有漢德、新興，徐同。徐云，新興，義熙九年立；漢德，舊縣。案二漢並無漢德縣，晉太康地志、王隱並有，疑是劉氏所立。何益、梁二州無此郡。領縣四。戶三千三十四，口二萬一千九百七十六。

涪令，漢舊縣，屬廣漢。

梓潼令，漢舊縣，屬廣漢。

西浦令，徐志義熙九年立。

萬安令，徐志舊縣。二漢晉並無。

巴郡太守，秦立。領縣四。户三千七百三十四，口一萬三千一百八十三。去州内水一千八百，陸五百〔四〕，外水二千二百。去京都水六千。

江州令，漢舊縣。

臨江令，漢舊縣。

墊江令，漢舊縣，獻帝建安六年度巴西，劉禪建興十五年復舊。

枳令，漢舊縣。

遂寧太守，永初郡國有，何無，徐云舊立。領縣四。户三千三百二十。

巴興令，徐志不注置立，疑是李氏所立。

德陽令，前漢無，後漢、晉太康地志屬廣漢。

廣漢令，漢舊縣，屬廣漢。寧蜀郡復有此縣，未知孰是。

晉興令，徐志不注置立。

江陽太守，劉璋分犍爲立。中失本土，寄治武陽。領縣四。户一千五百二十五，口八千二十七。

江陽令，漢舊縣，屬犍爲。

緜水令。別見。

漢安令。別見。

常安令，晉孝武立。

懷寧太守，秦、雍流民，晉安帝立。本屬南秦，文帝元嘉十六年度益州。領縣三。户一千三百一十五，口五千九百五十。寄治成都。

始平令〔五〕。別見。

西平令，永初郡國直云西。何志故屬天水，名西縣。

萬年令，漢舊名，屬馮翊。

寧蜀太守，永初郡國有而何無，徐云舊立。永初郡國及徐並有西墊江縣〔六〕，今無。領縣四。户一千六百四十三。

廣漢令，別見。遂寧郡復有此縣。

廣都令，漢舊縣，屬蜀郡。

升遷令，晉太康地志屬汶山。

西鄉令，本名南鄉，屬漢中，晉武太康三年更名。

越巂太守，漢武帝元鼎六年立，故邛都國。何志無。領縣八。户一千三百四十九。

邛都令，漢舊縣。

新興令，永初郡國有。

臺登長，漢舊縣。

晉興長，永初郡國有。

會無長，漢舊縣。

卑水長，漢舊縣。

定莋長，漢舊縣。

蘇利長，漢縣曰蘇示，□曰蘇利。

汶山太守，晉太康地志漢武帝立，孝宣地節三年合蜀郡，劉氏又立。領縣二。户一千一百七，口六千一百五。去州陸一百。去京都水一萬。

都安侯相，蜀立。

晏官令，何志魏平蜀立。晉太康地志無。

南陰平太守，陰平郡別見。永嘉流寓來屬，寄治萇陽。領縣二。户一千二百四十，口七千五百九十七。

陰平令。別見。

緜竹令，漢舊縣，屬廣漢。

犍爲太守，漢武帝建元六年，開夜郎國立。領縣五。户一千三百九十，口四千五十七。去州陸九十。去京都水一萬。

武陽令，漢舊縣。

南安令，漢舊縣。

資中令，漢舊縣。

僰道令，漢舊縣。

冶官令，晉安帝義熙十年立。

始康太守，關隴流民，晉安帝立。領縣四。户一千六百十三，口四千二百二十六。寄治成都。

始康令，晉安帝立。

新城子相，晉安帝立。

談令，晉安帝立。

晉豐令，晉安帝立。

晉熙太守，秦州流民，晉安帝立。領縣二。户七百八十五，口三千九百二十五。

晉熙令，晉安帝立。

萇陽令，晉安帝立。

晉原太守，李雄分蜀郡爲漢原，晉穆帝更名。領縣五。户一千二百七十二，口四千九百六十。去州陸一百二十。去京都水一萬。

江原男相，漢舊縣，屬蜀郡。

臨邛令，漢舊縣，屬蜀郡。

晉樂令，何志故屬沈黎。晉太康地志無沈黎郡及晉樂縣。

徙陽令，前漢徙縣屬蜀郡，後漢屬蜀郡屬國都尉。晉太康地志有徙陽縣，屬漢嘉〔七〕。

漢嘉令，前漢青衣縣屬蜀郡，順帝陽嘉二年更名。劉氏立爲漢嘉郡，晉江右猶爲郡，江左省爲縣。

宋寧太守，文帝元嘉十年，免吴營僑立。領縣三。户一千三十六，口八千三百四十二。寄治成都。

欣平令，與郡俱立。

宜昌令，與郡俱立。

永安令，與郡俱立。

安固太守，張氏於涼州立。晉哀帝時，民流入蜀，僑立此郡。本屬南秦，文帝元嘉十六年度益州。領縣六。户一千一百二十，口六千五百五十七。去州一百三十。去京都水一萬。

略陽令。別見。

桓陵令，張氏立。

臨渭令，晉太康地志屬略陽。

清水令。別見。

下邽令，何志漢舊縣。案二漢、晉並無此縣。

興固令，何志新立。

南漢中太守，晉地記，孝武太元十五年，梁州刺史周瓊表立。徐志，北漢中民流寓，孝武大明三年立。起居注，本屬梁州，元嘉十六年度。永初郡國屬梁州，領縣與此同。以永初郡國及起居檢，則是太元所立〔八〕，而何志無此郡，當是永初以後省，大明三年復立也。領縣五。户一千八十四，口五千二百四十六。

南長樂令，徐志與郡俱立。

南鄭令，徐志與郡俱立。

南苞中令，徐志與郡俱立。

南沔陽令，徐志與郡俱立。

南城固令，徐志與郡俱立。

北陰平太守，徐志本屬秦州，文帝元嘉二十六年度。永初郡國、何志，秦、梁、益並無。領縣四。户一千五十三，口六千七百六十四。

陰平令。已見。

南陽令，徐志本南陽白民流寓立。

桓陵令，徐志本安固郡民流寓立。

順陽令，徐志本南陽民流寓立。

武都太守，別見。永初郡國、何志益州並無此郡。徐志本屬秦州，流寓立。領縣五。户九百八十二，口四千四百一。

武都令，漢舊名。

下辨令。別見。

漢陽令，漢舊名。

略陽令，漢屬略陽郡，流寓配。

安定令，舊安定郡，流寓配。

新城太守，何志新分廣漢立。領縣二。户七百五十三，口五千九百七十一。去州闕。去京都九千五百三十。

北五城令，何志新分五城立。

懷歸令，何志新立。

南新巴太守，新巴郡別見。起居注新巴民流寓，文帝元嘉十二年，於劍南立。何志新立，新巴民先屬梁州，既立割配。領縣六。户一千七十，口二千六百八十三。

新巴令，何志晉安帝立。

晉城令，何志晉安帝立。

晉安令，何志晉安帝立。

漢昌令，何志晉安帝立。

桓陵令，何志晉哀帝立。按起居注，南新巴，元嘉十二年立。何云新立，則非先有此郡，而云此諸縣晉哀帝、安帝立，不詳。

綏歸令，何無此。徐有，不注置立。

南晉壽太守，梁州元有晉壽，文帝元嘉十二年，於劍南以僑流立。領縣五。户一千五十七，口一千九百四十三。去州一百二十。去京都水一萬。

晉壽令。別見。

興安令。別見。

興樂令，二漢、魏無。晉太康地記云：「元年更名。本曰白馬，屬汶山。」何志，漢舊縣。檢二漢益部無白馬縣。

邵歡令。別見。

白馬令〔九〕。別見。

宋興太守，文帝元嘉十年，免建平營立。領南陵、建昌二縣。何志無復南陵，有南漢、建忠。徐無建忠，有永川。何云建忠新立。領縣三。户四百九十六，口一千九百四十三。寄治成都。

南漢令，何志晉穆帝立。故屬漢中，流寓來配。

建昌令，何志新立〔一〇〕。

永川令，徐志新立。

南宕渠太守，徐志本南中民，蜀立。起居注，本屬梁州，元嘉十六年度。永初郡國梁州有宕渠郡，領縣三，與此同，而無「南」字。何同。若此郡元嘉十六年度益，則何志應在益部，不詳。領縣三。户五百四，口三千一百二十七。

宕渠令，二漢、晉太康地志屬巴郡。

漢興令，二漢、魏無，晉地志有，屬興古郡。

宣漢令，前漢無，後漢屬巴郡，晉太康地志無。

天水太守，別見。永初郡國、何志益州無此郡。徐志與今同。領縣三。户四百六十一。

宋興令[一]，徐志不注置立。

上邽令。別見。

西縣長。別見。

東江陽太守，何志晉安帝初，流寓入蜀，今新復舊土爲郡。領縣二。户一百四十二，口七百四十。去州一千五百八十。去京都水八千九十。

漢安令，前漢無，後漢屬犍爲，晉太康地志屬江陽。

緜水令，何志晉孝武立。

沈黎太守，蜀記云：「漢武元鼎十一年，分蜀西部邛莋爲沈黎郡，十四年罷。」案元鼎至六年，云十一年，非也。又二漢、晉並無此郡，永初郡國有〔二〕，何無，徐云舊郡。領縣四。户六十五。

城陽令，徐不注置立。

蘭令，漢舊縣，屬越嶲，作「闌」。晉太康地志無。

旄牛令，前漢屬蜀郡，後漢屬蜀郡屬國都尉，晉太康地志屬漢嘉。

寧州刺史，晉武帝泰始七年分益州南中之建寧、興古、雲南、永昌四郡立。太康三年省，立南夷校尉。惠帝太安二年復立，增牂牁、越嶲、朱提三郡。成帝咸康四年，分牂牁、夜郎、朱提、越嶲四郡爲安州，尋罷并寧州。越嶲後還益州〔三〕。今領郡十五，縣八十一。户一萬二百五十三。去京都一萬三千三百。

建寧太守，漢益州郡滇王國，劉氏更名。領縣十三。户二千五百六十二。

味縣令，漢舊縣。

同樂令，晉武帝立。

談稾令，漢舊縣，屬牂牁。晉武帝立。

牧麻令，漢舊縣，作牧靡〔一四〕。
漏江令，漢舊縣，屬牂牁。晉武帝立。
同瀨長，漢舊縣。「同」作「銅」。
昆澤長，漢舊縣。
新定長，晉太康地志有。
存䮀□〔一五〕，晉太康地志有。
同並長，漢舊縣，前漢作同並，屬牂牁。晉武帝咸寧五年省，哀帝復立。
萬安長，江左立。
毋單長，漢舊縣，屬牂牁，晉太康地志屬建寧。
新興長，江左立。
晉寧太守，晉惠帝太安二年，分建寧西七縣爲益州郡〔一六〕，晉懷帝更名。領縣七疑。户六百三十七。去州七百三十。去京都水一萬三千七百。
建伶令，漢舊縣，屬益州郡，晉太康地志屬建寧。
連然令，漢舊縣，屬益州郡，晉太康地志屬建寧。
滇池令，漢舊縣，屬益州郡，晉太康地志屬建寧。

穀昌長，漢舊縣，屬益州郡，晉太康地志屬建寧。

秦臧長，漢舊縣，屬益州郡，晉太康地志屬建寧。

俞元長，漢舊縣，屬益州郡，晉太康地志屬建寧〔一七〕。

雙柏長，漢舊縣，屬益州郡，晉太康地志屬建寧。

牂牁太守，漢武帝元鼎六年立。領縣六。户一千九百七十。去州一千五百。去京都水一萬二千。

萬壽令，晉武帝立。

且蘭令，漢舊縣云故且蘭，晉太康地志無。

毋斂令，漢舊縣〔一八〕。

晉樂令，江左立。

丹南長，江左立。

新寧長，何、徐不注置立。

平蠻太守，晉懷帝永嘉五年，寧州刺史王遜分牂牁、朱提、建寧立平夷郡，後避桓温諱改。領縣二。户二百四十五。去京都水一萬三千。

平蠻令，漢舊縣，屬牂牁。故名平夷。

鄨令，漢舊縣，屬牂牁。

夜郎太守，晉懷帝永嘉五年，寧州刺史王遜分牂牁、朱提、建寧立。領縣四。户二百八十八。去州一千。去京都水一萬四千。

夜郎令，漢舊縣，屬牂牁。

廣談長，晉太康地志屬牂牁。

談樂長，江左立。

談柏令〔一九〕，漢舊縣，屬牂牁。

朱提太守，劉氏分犍爲立。領縣五。户一千一十。去州七百二十。去京都水一萬四千六百。

朱提令，前漢屬犍爲，後漢屬犍爲屬國都尉。

堂狼令，前漢屬犍爲，「狼」作「琅」。後漢、晉太康地志屬朱提〔二〇〕。

臨利長，江左立。

漢陽長，前漢屬犍爲，後漢無〔二一〕，晉太康地志屬朱提。

南秦長，本名南昌，晉武帝太康元年更名。

南廣太守，晉懷帝分朱提立。領縣四。户四百四十。去州水二千三百。去京都水一萬四百。

南廣令，漢舊縣，屬犍爲，晉太康地志屬朱提。

新興令，何志不注置立。

晉昌令，江左立。

常遷長，江左立。

建都太守，晉成帝分建寧立。領縣六。户一百七。去州二千。去京都水一萬五十。

新安令，晉成帝立。

經雲令〔二〕，晉成帝立。

永豐令，晉成帝立。

臨江令，晉成帝立。

麻應長〔三〕，晉成帝立。

遂安長，晉成帝立。

西平太守，晉懷帝永嘉五年，寧州刺史王遜分興古之東立。何志晉成帝立，非也。永初郡國、何志並有西寧縣，何云晉成帝立，今無。領縣五。户一百七十六。去州二千三百。去京都水一萬五千三百。

西平令，何志晉成帝立。

温江令，何志晉成帝立。

都陽令，何志晉成帝立。案晉起居注，太康二年置興古之都唐縣。疑是。

晉綏長，何志晉成帝立。

義成長，何志晉成帝立。案此五縣應與郡俱立。

西河太守〔二四〕，晉成帝分河陽立。領縣三。户三百六十九。去州二千五百。去京都水一萬五千五百。

茈蘇令，前漢屬益州郡，後漢、晉太康地志屬永昌。「茈」作「比」。

成昌令，晉成帝立。

建安長，晉成帝立。

東河陽太守，晉懷帝永嘉五年，寧州刺史王遜分永昌、雲南立。永初郡國又有西河陽，領楪榆、遂段、新豐三縣〔二五〕，何、徐無。遂段、新豐二縣，二漢、晉並無。領縣二。户一百五十二。去州二千。去京都水一萬五千。

東河陽令，何不注置立，疑與郡俱立。

楪榆長，前漢屬益州郡，後漢屬永昌，晉太康地志屬雲南。前漢「楪」作「葉」。

雲南太守，晉太康地志云，故屬永昌。何志劉氏分建寧、永昌立。領縣五疑〔二六〕。户三百八十一。去州一千五百。去京都水一萬四千五百。

雲南令，前漢屬益州郡，後漢屬永昌，晉太康地志屬雲南。

雲平長，晉武帝咸寧五年立。

東古復長，漢屬越巂，晉太康地志屬雲南，並云姑復。永初郡國、何並云東古復。

何不注置立。

西古復長，永初郡國有。何不注置立。

興寧太守，晉成帝分雲南立。領縣二。户七百五十三。去州一千五百。去京都水一萬四千五百。

梇棟令〔二七〕，漢舊縣，屬益州，晉太康地志屬雲南。

青蛉令，漢舊縣，屬越巂，晉太康地志屬雲南。

興古太守，漢舊郡，晉太康地志故牂牁。何志劉氏分建寧、牂牁立，則是後漢末省也。領縣六。户三百八十六。去州二千三百。去京都水一萬六千。

漏卧令，漢舊縣，屬牂牁。

宛暖令，漢舊〔二八〕，屬牂牁。本名宛温，爲桓温改。

律高令，漢舊縣，屬益州郡，後省。晉武帝咸寧元年，分建寧郡脩雲、俞元二縣間流民復立律高縣。脩雲、俞元二縣，二漢無。

西安令〔二九〕，江左立。

句町令，漢舊縣，屬牂牱。

南興長，江左立。

梁水太守，晉成帝分興古立〔三〇〕。領縣七。户四百三十一。去州水三千。去京都水一萬六千。

梁水令，與郡俱立。

賸休長〔三一〕，漢舊縣，屬益州郡，晉太康地志屬興古，何志故屬建寧，晉武帝徙興古治之，遂以屬焉。

西隋令，漢舊縣，屬牂牱，晉太康地志屬興古。並作「隨」。

毋棳令〔三二〕，漢舊縣，屬益州郡，晉太康地志屬興古。劉氏改曰西豐，晉武帝泰始五年，復爲毋棳。

新豐長，何志不注置立。

建安長，何志不注置立。

鐔封長，漢舊縣，屬牂牁，晉太康地志屬興古。

廣州刺史，吴孫休永安七年，分交州立。領郡十七〔三三〕，縣一百三十六。户四萬九千七百二十六，口二十萬六千六百九十四。去京都水五千二百。

南海太守，秦立。秦敗，尉他王此地，至漢武帝元鼎六年，開屬交州。領縣十。户八千五百七十四，口四萬九千一百五十七。

番禺男相，漢舊縣。

熙安子相，文帝立。

增城令，前漢無，後漢有。

博羅男相，漢舊縣。二漢皆作「傅」字〔三四〕，晉太康地志作「博」。

西平令，永初郡國有。

龍川令，舊縣〔三五〕。

懷化令，晉安帝立。

綏寧男相，文帝立。

高要子相，漢舊縣，屬蒼梧，文帝廢。

始昌令，文帝立。

蒼梧太守，漢武帝元鼎六年立。永初郡國又有高要、建陵、寧新、都羅、端溪、撫寧六縣。建陵、寧新，吴立。都羅，晉武分建陵立。晉武帝太康元年，改新寧曰寧新。端溪、别見。撫寧始見永初郡國。高要何志無，餘與永初郡國同。徐志無建陵、寧新、撫寧三縣。何、徐二志並有懷熙一縣。思安、封興、蕩康、僑寧四縣，疑是宋末度此也。今領縣十一。户六千五百九十三，口萬一千七百五十三。去州水八百。去京都水五千五百九十。

廣信令，漢舊縣。

猛陵令，漢舊縣。

懷熙令，文帝立。

思安令，永初郡國有，及何志並屬晉康，徐志度此。

封興令，永初郡國有，及何志並屬晉康，徐志度此。

蕩康令，永初郡國有，及何志並屬晉康，徐志度此。

僑寧令，永初郡國有，及何志並屬晉康，徐志度此。

遂成令〔三六〕，永初郡國有。

丁留令，晉武帝太康七年，以蒼梧蠻夷賓服立，□作「丁溜」。溜音留。

廣陵令，永初郡國有。

武化令，徐志以前無，疑是宋末所立。

晉康太守，晉穆帝永和七年分蒼梧立，治元溪。永初郡國治龍鄉。何志無復龍鄉縣〔三七〕，當是晉末立，元嘉二十年前，以龍鄉併端溪也。永初郡國又有封興、蕩康、思安、遼安、開平縣。何志無遼安、開平二縣，餘與永初郡國同。封興、蕩康、思安、別見。遼安、開平，應是晉末立，元嘉二十年前省。今領縣十四。户四千五百四十七，口一萬七千七百一十。去州水五百。去京都水五千八百。

端溪令，漢舊縣，何志屬蒼梧，徐志屬此。

晉化令，何志不注置立，疑是晉末所立。

都城令，何志晉初分建陵立，今無建陵縣。按太康地志唯有都羅、武城縣。

樂城令，何志無，徐志有。

賓江令，何志無，徐志有。

說城令，何志無，徐志有。

元溪令，晉太康地志屬蒼梧。

夫阮令，永初郡國有。

僑寧令，何志云漢舊縣，檢二漢地理郡國，無。蒼梧又有僑寧縣。
安遂令，文帝立。
永始令，文帝立。
武定令，文帝立。
文招令，何志無，徐志有二文招，一屬綏建，一屬晉康。
熙寧令，何志無，徐志有。
新寧太守，晉穆帝永和七年，分蒼梧立。永初郡國有平興、永城縣，何、徐志有永城，無平興。此二縣當是晉末立。平興當是元嘉二十年以前省，永城當是大明八年以後省。何志又有熙寧縣，云新立，當是文帝所立。徐志無，當是元嘉二十年後省也。今領縣十四。户二千六百五十三，口一萬五百一十四。去州水六百二十。去京都水五千六百。
南興令，何志漢舊縣。檢二漢地理郡國、晉太康地志並無。永初郡國有。
臨允令，漢舊縣，屬合浦，晉太康地志屬蒼梧。何志，吴度蒼梧。
新興令，永初郡國有，何志不注置立。
博林令，永初郡國有，何志不注置立。
甘東令〔三八〕，永初郡國有，何志不注置立。

單𢧐令，永初郡國有，何志不注置立。

威平令，永初郡國有，何志不注置立。

龍潭令，文帝立。

平鄉令，文帝立。

城陽令，文帝立。

威化令，文帝立。

初興令，文帝立。

撫納令，徐志有。

歸順令，徐志有。

永平太守，晉穆帝升平五年，分蒼梧立。永初郡國有雷鄉、盧平、員鄉、逋寧、開城五縣，當是與郡俱立。何、徐志無雷鄉、員鄉〔三九〕，又有熙平，云新立，疑是文帝所立。雷鄉、員鄉當是元嘉二十年以前省。盧平、逋寧、開城當是大明八年以後省。今領縣七疑〔四〇〕。户一千六百九，口一萬七千二百二。去州水一千二百。去京都水五千四百。

安沂令，永初郡國有，何志不注置立。

豐城令，吴立，屬蒼梧。永初郡國併安沂，當是宋初併。何志有，當是元嘉中復立。

蘇平令，永初郡國有，何志不注置立。徐曰藉平。

暇安令，永初郡國有，何志不注置立。

夫寧令，永初郡國有，何志不注置立。

武林令，文帝立。

鬱林太守，秦桂林郡，屬尉他，武帝元鼎六年復，更名。永初郡國有安遠、程安、威定、三縣別見。中胄、歸化五縣。中胄疑即桂林之中溜。歸化，二漢、晉太康地志無，疑是江左所立。何志無中胄、歸化，餘三縣屬桂林，徐志同。今領縣十七。户一千一百二十一，口五千七百二十七。去州水一千六百。去京都水七千九百。

布山令，漢舊縣。

領方令，漢舊縣，吴改曰臨浦，晉武復舊。

阿林令，漢舊縣。

鬱平令，吴立曰陰平，晉武太康元年更名。

新邑令，吴立。

建初令，永初郡國有，何志不注置立，徐同。

賓平令，永初郡國有，何志不注置立。

威化令，永初郡國有，何志不注置立。

新林令，永初郡國有，何志不注置立。

龍平令，永初郡國有，何志不注置立。

安始令，吴立曰建始，晉武帝太康元年更名。

懷安令，何志吴改，未知先何名。吴録地理無懷安縣名，太康地志無，永初郡國有。

晉平令，吴立曰長平，晉武帝太康元年更名。

綏寧令，永初郡國併領方，何無徐有。

歸代令〔四一〕，徐志有。

中胄令，徐志有。

建安令，永初郡國有，何無，徐有。

桂林太守，本縣名，屬鬱林。吴孫皓鳳皇三年，分鬱林〔四二〕，治武熙縣，不知何時徙。永初郡國有常安、夾陽二縣。夾陽，晉武帝太康元年分龍岡立。常安，太康地志有而王隱無。何、徐並無此二縣。今領縣七。户五百五十八，口二千二百五。去州水一千五百七十五。去京都水六千八百。

中溜令〔四三〕，漢舊縣，屬鬱林，晉太康地志無。

龍定令，晉武帝太康元年立桂林之龍岡，疑是。永初郡國、何、徐並云龍定。

武熙令，本曰武安，應是吳立，晉武帝太康元年更名。故屬鬱林。

陽平令，永初郡國、何、徐並有。何云新置。按晉武帝太康元年，立桂林之洋平縣，疑是〔四四〕。

安遠令，晉武帝太康六年立，屬鬱林。永初郡國猶屬鬱林，何、徐屬此。

程安令，永初郡國屬鬱林，何、徐屬此。疑是江左立。

威定令，永初郡國屬鬱林〔四五〕，何、徐屬此。疑是江左立。

高涼太守，二漢有高涼縣，屬合浦，漢獻帝建安二十三年〔四六〕，吳分立，治思平縣，不知何時徙。吳又立高熙郡，太康中省併高涼，宋世又經立，尋省。永初郡國高涼又有石門、廣化、長度、宋康四縣。何、徐並無宋康，當是宋初所立，元嘉二十年以前省，其餘當是江左所立。領縣七。户一千四百二十九，口八千一百二十三。去州水一千一百，去京都水六千六百。

思平令，晉太康地志有。

莫陽令，晉太康地志有，屬高興。

平定令，何志有，不注置立。

安寧令，吴立。

羅州令，何志新立。

西鞏令，何志新立。

禽鄉令，何志新立。

新會太守，晉恭帝元熙二年，分南海立。廣州記云：「永初元年，分新寧立，治盆允。」未詳孰是。領縣十二，户一千七百三十九，口萬五百九。去州三百五十。

宋元令，永初郡國無，文帝元嘉九年，割南海、新會、新寧三郡界上新民立宋安、新熙、永昌、始成、招集五縣。二十七年，改宋安爲宋元。

新熙令。

永昌令。

始成令。

招集令。

盆允令，永初郡國故屬南海，何、徐同。

新夷令，吴立曰平夷，晉武帝太康元年更名，故屬南海。
封平令，永初郡國云故屬新寧，何云故屬南海，徐同。
封樂令，文帝元嘉十二年，以盆允、新夷二縣界歸化民立。
初賓令，何志新立。
義寧令，何志新立。
始康令，何志新立。
東官太守，何志故司鹽都尉〔四七〕，晉成帝立爲郡。廣州記，晉成帝咸和六年，分南海立。領縣六。户一千三百三十二，口一萬五千六百九十六。去州水三百七十。去京都水五千六百七十。
寶安男相，永初郡國、何、徐並不注置立。
安懷令〔四八〕，永初郡國、何、徐並不注置立。
興寧令，江左立。
海豐男相，永初郡國、何、徐並不注置立。
海安男相，吴曰海寧，晉武改名。太康地志屬高興。
欣樂男相，本屬南海，宋末度。

義安太守，晉安帝義熙九年，分東官立。領縣五。户一千一百一十九，口五千五百二十二。去州三千五百。去京都水八千九百。

海陽令，何志晉初立。晉太康地志無。晉地記故屬東官。

綏安令，何志與郡俱立。晉地記故屬東官。

海寧令，何志與郡俱立。晉地記故屬東官。

潮陽令，何志與郡俱立。晉地記故屬東官。

義招令，晉安帝義熙九年，以東官五營立。

宋康太守，本高涼西營，文帝元嘉九年立。領縣九。户一千五百一十三，口九千一百三十一。去州水九百五十。去京都水五千九百七十。

廣化令，晉太康地志有，屬高興，永初郡國屬高涼。

單城令，何志新立。

逐度令〔四九〕，何志新立。

海隣令，何志新立。

化隆令，何志新立。

開寧令，何志新立。

綏定令，何志新立。

石門長，何志故屬高涼。

威覃長，徐志有。

綏建太守，文帝元嘉十三年立。孝武孝建元年，有司奏化注、永固、綏南、宋昌、宋泰五縣，舊屬綏建，中割度臨賀，相去既遠，疑還綏建。今唯有綏南，餘並無。何、徐又有新招縣〔五〇〕，云本屬蒼梧，元嘉十九年改配。徐志晉康復有此縣，疑誤。今領縣七疑。户三千七百六十四，口一萬四千四百九十一。去州闕。

新招令，本四會之官細鄉，元嘉十三年分爲縣。

化蒙令，本四會古蒙鄉，元嘉十三年分爲縣。

懷集令，本四會之銀屯鄉，元嘉十三年分爲縣。

四會男相，漢舊縣，屬南海。

化穆令，何志新立。

綏南令，永初郡國、徐並無。

海昌太守，文帝元嘉十六年立。何有覃化縣，徐無。領縣五。户一千七百二十四，口四千七十四。去州水六百五十。去京都水五千四百九十四。

寧化令，徐志新立。

威寧令，徐志新立。

永建令，徐志新立。

招懷令，徐志新立。

興定令，文帝元嘉九年立，屬新會，後度此。

宋熙太守，文帝元嘉十八年，以交州流寓立昌國、義懷、綏寧、新建四縣爲宋熙郡，今無此四縣。二十七年，更名宋隆。孝武孝建中，復改爲宋熙。領縣七。户二千八十四，口六千四百五十。去州水三百四十五，去京都水五千二百。

平興令，徐志新立。

初寧令，徐志新立。

建寧令，徐志新立。

招興令，徐志新立。

崇化令，徐志新立。

熙穆令，徐志新立。

崇德令，徐志新立。

寧浦太守，晉太康地志，武帝太康七年改合浦屬國都尉立。廣州記，漢獻帝建安二十三年，吴分鬱林立，治平山縣。吴録，孫休永安三年，分合浦立爲合浦北部尉〔五一〕，領平山、興道、寧浦三縣。又云晉分平山爲始定，寧浦爲澗陽。未詳孰是。永初郡國有安廣縣，無始定縣。何、徐並無此郡。領縣六。

澗陽令〔五二〕，晉武帝太康七年立。永初郡國作「簡陽」。

興道令，晉武帝太康元年，以合浦北部營之連道立。吴録有此縣，未詳。

寧浦令，晉太康地記本名昌平，武帝太康元年更名。吴録有此縣，未詳。

吴安令，吴録無。

平山令，晉太康地記有。

始定令，晉太康地記有，永初郡國無。

晉興太守，晉元帝太興元年，分鬱林立。

晉興。

熙注。

桂林。

增翊。

安廣。
廣鬱。
晉城。
鬱陽。

樂昌郡〔五三〕。
樂昌令。
始昌令。
宋元令。
樂山令。
義立令。
安樂令。

交州刺史，漢武帝元鼎六年開百越，交趾刺史治龍編。漢獻帝建安八年，改曰交州，治蒼梧廣信縣，十六年〔五四〕，徙治南海番禺縣。及分爲廣州，治番禺，交州還治龍編。領郡八〔五五〕，縣五十三。户一萬四百五十三。去京都水一萬。

交阯太守，漢武帝元鼎六年開。領縣十二。户四千二百三十三。

龍編令，漢舊縣。

句漏令，漢舊縣。

朱䳒令，漢舊縣。

吴興令，吴立。

西于令，漢舊縣。

定安令〔五六〕，漢舊縣。

望海令，漢光武建武十九年立。

海平令，吴立曰軍平，晉武改名。

武寧令，吴立。

羸力知反。婁令〔五七〕，漢舊縣。

曲昜音陽。令，漢舊縣。

南定令，吴立曰武安，晉武改。何志無。

武平太守，吴孫皓建衡三年討扶嚴夷，以其地立。領縣六。户一千四百九十。去州水二百一十，陸下闕〔五八〕。

上闕吳録無〔五九〕，晉太康地志有。

吳定長，吳立。

新道長，江左立。

晉化長，江左立。

九真太守，漢武元鼎六年立。領縣十二疑。户二千三百二十八。去州水八百。去京都水一萬一百八十。

移風令，漢舊縣。故名居風，吳更名。

胥浦令，漢舊縣。

松原令，晉武帝分建初立。

高安令，何志晉武帝立。太康地志無。吳録晉分常樂立。

建初令，吳立。

常樂令，吳立。

軍安長，何志晉武帝立。太康地志無此縣，而交趾有軍平縣。

武寧令，吳立，何志武帝立。太康地志無此縣而交趾有。

都龐音龍。長，漢舊縣。吳録有，晉太康地志無。

寧夷長，何志晉武帝立，太康地志無。
津梧長，晉武帝分移風立。
九德太守，故屬九真，吴分立。何志領縣七，今領縣十一。户八百九。去州水九百。去京都水一萬九百。
浦陽令，晉武帝分陽遠立。陽遠，吴立曰陽成，太康二年更名，後省。
九德令，何志吴立。
咸驩令，漢舊縣。
都洨長〔六〇〕，何志晉武帝分九德立。
西安長，何志晉武帝立。太康地志無，吴録亦無。
南陵長，何志晉武帝立。太康地志無，王隱有。
越常長，何志吴立，太康地志無。
宋泰令，宋末立。
宋昌令，宋末立。
希平令，宋末立。
日南太守，秦象郡，漢武元鼎六年更名，吴省，晉武帝太康三年復立。領縣七。户四百二。去州水二千四百。去京都水一萬六百九十。

西卷令〔六一〕，漢舊縣作「捲」。

盧容令，漢舊縣。

象林令，漢舊縣。

壽泠令〔六二〕，晉武太康十年，分西卷立。

朱吾令，漢舊縣。

無勞長，晉武分北景立。

北景長〔六三〕，漢舊縣。

義昌郡，宋末立。

宋平郡，孝武世，分日南立宋平縣，後爲郡。

越州刺史，明帝泰始七年立。

百梁太守，新立。

隴蘇太守〔六四〕，新立。

永寧太守，新立。

安昌太守，新立。

富昌太守，新立。

南流太守，新立。

臨漳太守〔六五〕，先屬廣州。

合浦太守，漢武帝立，孫權黄武七年，更名珠官，孫亮復舊。先屬交州。領縣七。户九百三十八。去京都水一萬八百。

合浦令，漢舊縣。

徐聞令，故屬朱崖。晉平吴，省朱崖，屬合浦。

朱官長，吴立，「朱」作「珠」。

蕩昌長，晉武分合浦立。

朱盧長，吴立。

晉始長，晉武帝立。

新安長，江左立。

宋壽太守，先屬交州。

校勘記

〔一〕何志劉氏立　「志」字原闕，據殿本補。

〔二〕譙周巴記初平四年　「四年」，原作「六年」，據續漢書郡國志五劉昭注引巴記改。按初平有四年，無六年。

〔三〕安漢令舊縣屬巴郡　成孺宋州郡志校勘記：「兩漢志巴郡並有安漢縣，『舊』上當是脱『漢』字。」

〔四〕陸五百　張森楷校勘記：「案今重慶至成都，即宋志巴郡至益州也。實有一千零二十里。即由合州小路，亦有八百餘里。此云陸五百，疑有誤。」

〔五〕始平令　「始平」，原作「治平」，據南齊書卷一五州郡志下改。成孺宋州郡志校勘記：「疑『治』爲『始』字之訛。南齊志正作始平。」

〔六〕永初郡國及徐並有西墊江縣　「有」，原作「郡」，據殿本、局本改。成孺宋州郡志校勘記：「南齊志寧蜀郡有墊江縣，亦其證。」

〔七〕徙陽令前漢徙縣屬蜀郡後漢屬蜀郡屬國都尉晉太康地志有徙陽縣屬漢嘉　「徙陽」、「徙縣」，原作「樅陽」、「樅縣」，據南監本、北監本、殿本改。成孺宋州郡志校勘記：「『樅』，三本並作『徙』。案兩漢志、晉志並作『徙』，當以作『徙』爲是。南齊志作『樅』。『徙』之傳寫爲『樅』，未知誤自何時也。」

〔八〕則是太元所立　「太」字原闕，據局本補。

〔九〕白馬令　成孺宋州郡志校勘記：「案梁州晉壽太守下云『益州南晉壽郡悉有此諸縣』，彼領縣四：晉壽、白水、邵歡、興安。而南晉壽獨無白水。疑『白馬』即『白水』之譌。今本作『白馬』者，涉上文兩白馬而致誤耳。」

〔一〇〕何志新立　「志」字原闕。成孺宋州郡志校勘記：「據志例，『何』下當有『志』字。」按成校是，今據補。

〔一一〕宋興令　「宋興」，原作「未興」，汲本、殿本作「禾興」，據局本改。成孺宋州郡志校勘記：「南齊志益州天水郡作宋興，今據正。」

〔一二〕又二漢晉並無此郡永初郡國有　按晉書卷一四地理志上：「李雄又分漢嘉、蜀二郡立沈黎、漢原二郡。」是沈黎郡李雄所置。又晉書地理志上云：「桓温滅蜀，其地復爲晉有，省漢原、沈黎而立南陰平、晉原、寧蜀、始寧四郡焉。」今云永初郡國有，蓋東晉後期或宋初復立。

〔一三〕尋罷并寧州越嶲後還益州　「罷并寧州」四字原闕，據晉書卷一四地理志上補。

〔一四〕牧麻令漢舊縣作牧靡　按漢書卷二八上地理志上作「收靡」，李奇曰：「靡音麻，即升麻。」續漢書郡國志五、水經注卷三六存水、隸釋卷一七益州太守無名碑作「牧靡」。華陽國志卷四南中志、舊唐書卷四一地理志四作「升麻」。惠棟後漢書補注：「麻靡古通用。山海經有壽麻之國，呂覽作壽靡是也。」

〔一五〕存䮂□　「存䮂」下空格原闕，據局本補。按本處所載縣例，皆以今在前而長居後。存䮂前有同瀨長等，後有同並長等，疑此空格乃「長」字。

〔一六〕晉惠帝太安二年分建寧西七縣爲益州郡　「太安」，原作「永安」，據晉書卷一四地理志上改。按晉惠帝永安無二年。

〔一七〕俞元長漢舊縣屬益州郡晉太康地志屬建寧　「俞元長漢舊縣屬益州郡晉太康地志」十五字原闕。按晉寧太守領縣七，而下實六縣，蓋脱去一縣。成孺宋州郡志校勘記：「南齊志晉寧郡建伶、連然、滇池、俞元、穀昌、秦臧、雙柏，全與宋同。疑此志所闕，即俞元也。兩漢志益州郡、晉志建寧郡並有俞元，據志例當補云『俞元長，漢舊縣，屬益州郡，晉太康地志屬建寧』。」按成校是，今據補。

〔一八〕毋斂令漢舊縣　「毋斂」上原有「故」字。按漢書卷二八上地理志上、續漢書郡國志五、南齊書卷一五州郡志下、晉書卷一四地理志上並作「毋斂」。「故」字衍，今删去。

〔一九〕談柏令　「談柏」，漢書卷二八上地理志上、續漢書郡國志五、華陽國志卷四南中志作「談指」。按漢書卷七昭帝紀亦作「談指」。

〔二〇〕後漢晉太康地志屬朱提　成孺宋州郡志校勘記：「案續志無堂狼令，晉志益州朱提郡下云蜀置，故續志亦無朱提郡，不得云後漢屬朱提也。疑『後漢』下脱『無』字。」

〔二一〕後漢無　孫虨考論卷二：「後漢在犍爲屬國，沈失檢。」

〔三一〕經雲令　「經雲」，南齊書卷一五州郡志下作「綏雲」。

〔三二〕麻應長　「麻應」，南齊書卷一五州郡志下作「麻雅」。

〔三四〕西河太守　按南齊書卷一五州郡志下寧州有西河陽郡，領比蘇、建安、成昌三縣。與此領縣並同。

〔三五〕永初郡國又有西河陽領楪榆遂段新豐三縣　按南齊書卷一五州郡志下寧州西阿郡領楪榆、新豐、遂段三縣，與此領縣並同。

〔三六〕領縣五疑　按此云領縣五，而下祗四縣。成孺宋州郡志校勘記：「南齊志雲南郡東古復、西古復、雲平下有邪龍，即晉志雲南郡之邪龍縣也。疑宋志本有邪龍縣，而傳寫者失之。」邪龍，漢書卷二八上地理志上屬益州郡，續漢書郡國志五屬永昌郡，晉書卷一四地理志上屬雲南郡。疑「西古復長」條下奪「邪龍長，漢舊縣，屬益州郡，後漢屬永昌，晉太康地志屬雲南」一條。

〔三七〕梇棟令　「梇棟」，漢書卷二八上地理志上、華陽國志卷四南中志、南齊書卷一五州郡志下、水經注卷三六若水作「弄棟」。

〔三八〕漢舊　據本書志例，疑此下脱「縣」字。

〔三九〕西安令　「西安」，南齊書卷一五州郡志下作「西中」。

〔三〇〕梁水太守晉成帝分興古立　「興古」，原作「興士」，南監本「興」下空白闕一字，今據北監本、汲本、殿本、局本改。按興古郡見本卷上文、南齊書卷一五州郡志下、晉書卷一四地理志上。

〔三〕滕休長　「滕休」，漢書卷二八上地理志上、續漢書郡國志五、華陽國志卷四南中志、南齊書卷一五州郡志下、水經注卷三六溫水作「勝休」，晉書卷一四地理志上作「滕休」。

〔三〕毋掇令　「毋掇」，原作「毋掇」，據漢書卷二八上地理志上、華陽國志卷四南中志、水經注卷三六溫水、晉書卷一四地理志上改。按漢書卷二八上地理志上益州郡毋棳顏注：「棳音之悦反。其字從木。」錢大昕考異卷一四：「說文『棳』從木，此從手，誤。前志亦作『棳』。」

〔三〕領郡十七　王鳴盛十七史商榷卷五七：「廣州刺史領郡十七，而今數之，實十八，多一郡。」

〔四〕二漢皆作傅字　洪頤煊諸史考異卷四：「今本漢書地理志、續漢書郡國志皆作博羅，無作『傅』字者。」

〔五〕龍川令舊縣　成孺宋州郡志校勘記：「疑『舊』上脱『漢』字。」按漢書卷二八下地理志下、續漢書郡國志五並有此縣。

〔六〕遂成令　「遂成」，南齊書卷一四州郡志上作「遂城」。

〔七〕何志無復龍鄉縣　「無」字原闕，本句殿本作「何復有龍鄉縣」。成孺宋州郡志校勘記：「據下云元嘉二十年前，以龍鄉併端溪，疑『何志』下脱『無』字。」按成校是，今據補。

〔八〕甘東令　「甘東」，南齊書卷一四州郡志上作「甘泉」。

〔九〕何徐志無雷鄉員鄉　「何徐志」，原作「何志徐」，孫虨考論卷二：「當云『何徐志』。」按孫說是，今據改。「雷鄉」，原作「當鄉」，據南監本、北監本、汲本、殿本、局本改。

〔四〇〕今領縣七疑　按此云「領縣七」，而下祇六縣，故校者注云「疑」。永平太守序中有熙平，疑即南齊書卷一四州郡志上之毗平。此所闕一縣，或即熙平。

〔四一〕歸代令　「歸代」，南齊書卷一四州郡志上作「歸化」。成孺宋州郡志校勘記：「南齊志作『歸化』，疑『代』是『化』字形近之訛。本志鬱林太守下云徐志無中胄、歸化，亦其證。」

〔四二〕分鬱林　孫虨考論卷二：「『分鬱林』下脱『立』字。」

〔四三〕中溜令　「中溜」，漢書卷二八下地理志下、南齊書卷一四州郡志上、水經注卷三六温水作「中留」。漢書地理志下顔注：「留音力救反。水名。」

〔四四〕立桂林之洋平縣疑是　「平」字原闕。成孺宋州郡志校勘記：「據晉志作『羊平』，疑『洋』下脱『平』字。」按成校是，今據補。

〔四五〕威定令永初郡國屬鬱林　「林」字原闕，據三朝本、南監本、北監本、汲本、殿本、局本補。

〔四六〕漢獻帝建安二十三年　「二十三年」，續漢書郡國志五交州合浦郡高凉劉昭注作「二十五年」。按建安二十五年，即魏黄初元年。

〔四七〕何志故司鹽都尉　「司鹽都尉」，原作「司監都尉」。張森楷校勘記：「『司監都尉』官不經見，疑是『司鹽都尉』之誤。」按張校是，今據改。通典卷三七職官一九晉官品有司鹽都尉。太平寰宇記卷一五七嶺南道一廣州南海縣：「郡國志云：東官郡有蕪城，即吴時司鹽都尉壘。」

〔四八〕安懷令　「安懷」，南齊書卷一四州郡志上作「懷安」。

〔四九〕逐度令　「逐度」，南齊書卷一四州郡志上作「遂度」。

〔五〇〕何徐又有新招縣　「有」字原闕。孫虨考論卷二：「『又』下脱『有』字。」按孫説是，今據補。

〔五一〕分合浦立爲合浦北部尉　成孺宋州郡志校勘記：「『尉』上疑脱『都』字。」

〔五二〕澗陽令　「澗陽」，原作「潤陽」，據局本改。成孺宋州郡志校勘記：「按寧浦太守下云『寧浦爲澗陽』，知『潤』爲『澗』字之訛。」

〔五三〕樂昌郡　王鳴盛十七史商榷卷五七：「凡各州所領之郡，皆書某太守，不言郡。獨此州之末書樂昌郡不言太守，皆未詳。」

〔五四〕十六年　續漢書郡國志五劉昭注引王範交廣春秋、晉書卷一五地理志下並作「十五年」。

〔五五〕領郡八　王鳴盛十七史商榷卷五七：「交州刺史領郡八，而今數之衹七郡，少一郡。」按脱去新昌郡，參見本卷校勘記〔五八〕。

〔五六〕定安令　「定安」，漢書卷二八下地理志下、水經注卷三七葉榆水、晉書卷一五地理志下作「安定」。

〔五七〕羸婁令　「羸婁」，漢書卷二八下地理志下、南齊書卷一四州郡志上、水經注卷三七葉榆水、元和郡縣圖志卷三八交州作「羸𨻻」。續漢書郡國志五作「羸𨻻」。晉書卷一五地理志下作「羸𨻻」。漢書地理志下孟康注：「羸音蓮。」按本字當作「𨏈𨻻」，此蓋借羸爲𨏈，省𨻻作婁。

〔五八〕去州水二百一十陸下闕　「二百一十陸」，南監本、北監本、殿本、局本作「二百一十六」，汲本無「百一十陸」四字，下有九字空格。按小字注「下闕」二字原無，蓋「陸」下脱去一葉，今補。孫虨考論卷二：「據南齊志，吴定、新道、晉化三縣，並屬新昌郡，而武平郡自領武定、封溪、平道、武興、根寧、南移六縣。與此志不同。此上云交州領郡八，今數之衹七郡，蓋即脱去新昌一郡。」按孫説極是。晉書卷一五地理志下武平郡統縣七，武寧、武興、進山、根寧、安武、扶安、封溪。南齊書卷一四州郡志上武平郡領武定、封溪、平道、武興、根寧、南移六縣。本書武平太守領縣六，蓋即南齊志之武平郡六縣。通鑑卷一五九梁紀大同十一年胡注：「沈約志，吴孫皓建衡三年，分交阯立新興郡，並立嘉寧縣。晉武帝太康三年，更郡曰新昌。」此即本書此葉脱去之佚文。又據晉書地理志下，新昌郡統縣六，麊泠、嘉寧、吴定、封山、臨西、西道。南齊書州郡志上，新昌郡領范信、嘉寧、封山、西道、臨西、吴定、新道、晉化八縣。疑本書新昌郡領縣數當與南齊書州郡志上相接近。

〔五九〕上闕吴録無　小字注「上闕」二字原無。張元濟校勘記：「此爲某縣沿革之文，據上文云『領縣六』，而此以下所記，僅得三縣，則『吴録無』句上必有脱葉。」今據補。

〔六〇〕都洑長　「都洑」，南齊書卷一四州郡志上、晉書卷一五地理志下作「都汷」。

〔六一〕西卷令　「西卷」，漢書卷二八下地理志下、南齊書卷一四州郡志上作「西捲」。

〔六二〕壽冷令　「壽冷」，北監本、汲本、殿本、局本作「壽泠」。

〔六三〕北景長　「北景」，漢書卷二八下地理志下、續漢書郡國志五、南齊書卷一四州郡志上、水經注卷三六溫水、晉書卷一五地理志下並作「比景」。水經注溫水云：「比景縣，日中頭上，影當身下，與影爲比。如淳曰：『故以比影名縣。』闞駰曰：『比讀蔭庇之庇。影在己下，言爲身所庇也。』」舊唐書卷四一地理志四作「北景」。吴仁傑曰：「考古編云：『舊唐志景州北景縣，晉將灌邃破林邑，五月五日，即其地立表，表在北，日景在南，故郡名日南，縣名北景。』全祖望云：『宋書州郡志亦作「北景」，後來傳習成譌，立爲異義耳。斗南以「比景」爲「北景」，豈所見前後漢志有別本歟？』」熊會貞云：「按文選吴都賦注，漢武帝置北景縣。後漢紀，梁冀更封北景都鄉侯。乃兩漢又作『北景』之據。」

〔六四〕 㦕蘇太守　「㦕蘇」，南齊書卷一四州郡志上作「隴蘇」、「龍蘇」。

〔六五〕 臨漳太守　「臨漳」，通鑑卷一三三宋紀泰始七年胡注：「沈約宋志作『臨障』。宋白續通典作『臨瘴』，以臨界内瘴江爲名。瘴江一名合浦江。」

宋書卷三十九

志第二十九

百官上

太宰，一人。周武王時，周公旦始居之，掌邦治，爲六卿之首。秦、漢、魏不常置。晉初依周禮，備置三公。三公之職，太師居首，景帝名師，故置太宰以代之。太宰，蓋古之太師也。殷紂之時，箕子爲太師。周武王時，太公爲太師。周成王時，周公爲太師。周公薨，畢公代之。漢西京初不置，平帝始復置太師官，而孔光居焉。漢東京又廢。獻帝初，董卓爲太師，卓誅又廢。魏世不置。晉既因太師而置太宰，以安平王孚居焉。

太傅，一人。周成王時，畢公爲太傅。漢高后元年，初用王陵。

太保，一人。殷太甲時，伊尹爲太保。周武王時，召公爲太保。漢平帝元始元年，始用王舜。後漢至魏不置，晉初復置焉。自太師至太保，是爲三公。論道經邦，燮理陰陽，無其人則闕，所以訓護人主，導以德義者。

相國，一人。漢高帝十一年始置，以蕭何居之，罷丞相；何薨，曹參代之；參薨，罷。魏齊王以晉景帝爲相國。晉惠帝時趙王倫，愍帝時南陽王保，安帝時宋高祖，順帝時齊王，並爲相國。自魏、晉以來，非復人臣之位矣。

丞相，一人。殷湯以伊尹爲右相，仲虺爲左相。秦悼武王二年，始置丞相官。丞，奉。相，助也。悼武王子昭襄王始以樗里疾爲丞相，後又置左右丞相。漢高帝初，置一丞相，十一年，更名相國。孝惠、高后置左右丞相，文帝二年，復置一丞相。哀帝元壽二年，更名大司徒。漢東京不復置。至獻帝建安十三年，復置丞相，魏世及晉初又廢。惠帝世，趙王倫篡位，以梁王肜爲丞相。永興元年，以成都王穎爲丞相。愍帝建興元年，以琅邪王睿爲左丞相，南陽王保爲右丞相；三年，以保爲相國，睿爲丞相。元帝永昌元年，以王敦爲丞相，轉司徒荀組爲太尉，以司徒官屬并丞相爲留府，敦不受。成帝世，以王導爲丞相，罷司徒府以爲丞相府，導薨，罷丞相，復爲司徒府。宋世祖初，以南郡王義宣爲丞相，而司徒府如故。

太尉，一人。自上安下曰尉。掌兵事，郊祀掌亞獻，大喪則告謚南郊。堯時舜爲太尉官，漢因之。武帝建元二年省。光武建武二十七年，罷大司馬，置太尉以代之。靈帝末，以劉虞爲大司馬，而太尉如故。

司徒，一人。掌民事，郊祀掌省牲視濯，大喪安梓宮。少昊氏以鳥名官，而祝鳩氏爲司徒。堯時舜爲司徒。舜攝帝位，命契爲司徒。契玄孫之孫曰微，亦爲夏司徒。周時司徒爲地官，掌邦教。漢西京初不置。哀帝元壽二年，罷丞相，置大司徒。光武建武二十七年，去大。

司空，一人。掌水土事，郊祀掌掃除陳樂器，大喪掌將校復土。舜攝帝位，以禹爲司空。契玄孫之子曰冥〔一〕，亦爲夏司空。殷湯以咎單爲司空。周時司空爲冬官，掌邦事。漢西京初不置。成帝綏和元年，更名御史大夫爲大司空；哀帝建平二年，復爲御史大夫；元壽二年，復爲大司空；光武建武二十七年去大字。獻帝建安十三年，又罷司空，置御史大夫。御史大夫郗慮免，不復補。魏初又置司空。

大司馬，一人。掌武事。司，主也。馬，武也。堯時棄爲后稷，兼掌司馬。周時司馬爲夏官，掌邦政。項籍以曹咎、周殷並爲大司馬。漢初不置。武帝元狩四年，初置大司馬。始直云司馬，議者以漢有軍候千人司馬官，故加大。及置司空，又以縣道官有獄司空，又加大。王莽居攝，以漢無小司徒，而定司馬、司徒、司空之號並加大。光武建武二十七年，省大司馬，以太尉代之。魏文帝黄初二年，復置大司馬，以曹仁居之，而太尉如故。

大將軍，一人。凡將軍皆掌征伐。周制，王立六軍。晉獻公作二軍，公將上軍。將軍之名，起於此也。楚懷王遣三將入關，宋義爲上將。漢高帝以韓信爲大將軍〔二〕。漢西京以大司馬冠之。漢東京大將軍自爲官，位在三司上。魏明帝青龍三年，晉宣帝自大將軍爲太尉，然則大將軍在三司下矣。其後又在三司上。晉景帝爲大將軍，而景帝叔父孚爲太尉，奏改大將軍在太尉下，後還復舊。

晉武帝踐阼，安平王孚爲太宰，鄭沖爲太傅，王祥爲太保，義陽王望爲太尉，何曾爲司徒，荀顗爲司空，石苞爲大司馬〔三〕，陳騫爲大將軍，凡八公同時並置，唯無丞相焉。

有蒼頭字宜禄。至漢，丞相府每有所關白，到閤輒傳呼「宜禄」，以此爲常。

丞相置三長史。丞相有疾，御史大夫率百僚三旦問起居，及瘳，詔遣尚書令若光禄大夫賜養牛，上尊酒。漢景帝三公病，遣中黄門問病。魏、晉則黄門郎，尤重者或侍中也。魏武爲丞相以來，置左右二長史而已。漢東京太傅府置掾、屬十人，御屬一人，令史十二人，不知皆何曹也。自太尉至大將軍、驃騎、車騎、衛將軍，皆有長史一人〔四〕，將軍又各置司馬一人，太傅不置長史也〔五〕。

太尉府置掾、屬二十四人，西曹主府吏署用事，東曹主二千石長吏遷除事，户曹主民户祠祀農桑事，奏曹主奏議事，辭曹主辭訟事，法曹主郵驛科程事，尉曹主卒徒轉運事，賊曹主盜賊事，決曹主罪法事，兵曹主兵事，金曹主貨幣鹽鐵事，倉曹主倉穀事，黄閤主簿省録衆事。御屬一人，令史二十二人。御屬主爲公御，令史則有閤下、記室、門下令史，其餘史闕。案掾、屬二十四人，自東西曹凡十二曹，然則曹各置掾、屬一人，合二十四人也。

司徒置掾、屬三十一人，御屬一人，令史三十五人。司空置掾二十九人，御屬一人，令史三十一人。司空别有道橋掾。其餘張減之號，史闕不可得知也。

漢東京大將軍、驃騎將軍從事中郎二人，掾、屬二十九人，御屬一人，令史三十人。騎、衛將軍從事中郎二人，掾、屬二十人，御屬一人，令史二十四人。兵曹掾史主兵事，稟假掾史主稟假，又置外刺姦主罪法。其領兵外討，則營有五部，部有校尉一人，軍司馬一人；部下有曲，曲有軍候一人；曲下有屯，屯有屯長一人。若不置校尉，則部但有軍司馬一人。又有軍假司馬、軍假候，其别營者則爲别部司馬。其餘將軍置以征伐者，府無員職，亦有部曲司馬、軍候以領兵焉。案大將軍以下掾屬與三府張減，史闕不可得知。置令史、御屬者，則是同三府也。其云掾史者，則是有掾而無屬，又無令史、御屬，不同三府也。

魏初公府職寮，史不備書。及晉景帝爲大將軍，置掾十人，西曹、東曹、户曹、倉曹、賊曹、金曹、水曹、兵曹、騎兵各一人，則無屬矣。魏元帝咸熙中，晉文帝爲相國，相國府置中衞將軍、驍騎將軍、左右長史、司馬、從事中郎四人，主簿四人，舍人十九人，參軍二十二人，參戰十一人，掾、屬三十三人。東曹掾、屬各一人，西曹屬一人，户曹掾一人，屬二人，賊曹掾一人，屬二人，金曹掾、屬各一人，兵曹掾、屬各一人，騎兵掾二人，屬一人，車曹掾、屬各一人，鎧曹掾、屬各一人，水曹掾、屬各一人，集曹掾、屬各一人，法曹掾、屬各一人，奏曹掾、屬各一人，倉曹屬二人，戎曹屬一人，馬曹屬一人，媒曹屬一人，合爲三十三人。散屬九人，凡四十二人。

晉初凡位從公以上，置長史、西閤、東閤祭酒、西曹、東曹掾、户曹、倉曹、賊曹屬各一人；加兵者又置司馬、從事中郎、主簿、記室督各一人，舍人四人；爲持節都督者，置參軍六人。安平獻王孚爲太宰，增掾、屬爲十人，兵、鎧、士、營軍、刺姦五曹皆置屬，并前爲十人也。楊駿爲太傅，增祭酒爲四人，掾、屬爲二十人，兵曹分爲左、右、法、金、田、集、水、戎、車、馬十曹，皆置屬，則爲二十人。趙王倫爲相國，置左右長史、司馬、從事中郎四人，參軍二十人，主簿、記室督、祭酒各四人，掾、屬四十人。東西曹又置屬〔六〕，其餘十八曹皆置掾，則四十人矣。凡諸曹皆置御屬、令史、學幹，御屬職録事也。

江左以來，諸公置長史、倉曹掾、户曹屬、東西閤祭酒各一人，主簿、舍人二人，御屬二人，令史無定員。領兵者置司馬一人，從事中郎二人，參軍無定員；加崇者置左右長史、司馬、從事中郎四人，掾、屬四人，則倉曹增置屬，户曹置掾，江左加崇，極於此也。

長史、司馬、舍人，秦官。從事中郎、掾、屬、主簿、令史，前漢官，陳湯爲大將軍王鳳從事中郎是也。御屬、參軍，後漢官，孫堅爲車騎參軍事是也。本於府主無敬，晉世太原孫楚爲大司馬石苞參軍，輕慢苞，始制施敬。祭酒，晉官也，漢吴王濞爲劉氏祭酒。夫祭祀以酒爲本，長者主之，故以祭酒爲稱。漢之侍中、魏之散騎常侍高功者，並爲祭酒焉。公府祭酒，蓋因其名也。長史、從事中郎主吏，司馬主將，主簿、祭酒、舍人主閤内事，參軍、掾、屬、令史主諸曹事。司徒若無公，唯省舍人，其府常置，其職寮異於餘府。有左右長史、左西曹掾、屬各一人，餘則同矣。餘府有公則置，無則省。晉元帝爲鎮東大將軍及丞相，置從事中郎，無定員，分掌諸曹，有録事中郎、度支中郎、三兵中郎。其參軍則有諮議參軍二人，主諷議事，晉江左初置，因軍諮祭酒也，宋高祖爲相，止置諮議參軍〔七〕，無定員。今諸曹則有録事、記室、户曹、倉曹、中直兵、外兵、騎兵、長流賊曹、刑獄賊曹、城局賊曹、法曹、田曹、水曹、鎧曹、車曹、士曹、集、右户、墨曹，凡十八曹參軍〔八〕。參軍不署曹者，無定員。江左初，晉元帝鎮東丞相府有録事、記室、東曹、西曹、度支、户曹、法曹、金曹、倉曹、理曹、中兵、外兵、騎兵、典兵、兵曹、賊曹、運曹、禁防、典賓、鎧曹、田曹、士曹、騎士、車曹參軍。其東曹、西曹、度支、金曹、理曹、典兵、兵曹、賊曹、運曹、禁防、典賓、騎士、車曹凡十三曹今闕〔九〕，所餘十二曹也。其後又有直兵、長流、刑獄、城局、水曹、右户、墨曹七曹。高祖爲相，合中兵、直兵置一參軍，曹則猶二也。今小府不置長流參軍者，置禁防參軍。蜀丞相諸葛亮府有行參軍，晉太傅司馬越府又有行參軍、兼行參軍，後漸加長兼字。除拜則爲參軍事，府板則爲行參軍。晉末以來，參軍事、行參軍又各有除板。板行參軍下則長兼行參軍〔一〇〕。參軍督護，江左置，本皆領營，有部曲，今則無矣。公府長史、司馬，秩千石；從事中郎，六百石；東西曹掾，四百石；他掾三百石；屬二百石。

特進，前漢世所置，前後二漢及魏、晉以爲加官，從本官車服，無吏卒。晉惠帝元康中定位令在諸公下，驃騎將軍上。

驃騎將軍，一人。漢武帝元狩二年，始用霍去病爲驃騎將軍。漢西京制，大將軍、驃騎將軍位次丞相。

車騎將軍，一人。漢文帝元年，始用薄昭爲車騎將軍。魚豢曰：「魏世車騎爲都督〔一一〕，儀與四征同。若不爲都督，雖持節屬四征者，與前後左右雜號將軍同。其或散還從文官之例，則位次三司。」晉、宋車騎、衛不復爲四征所督也。

衛將軍，一人。漢文帝元年，始用宋昌爲衛將軍。三號位亞三司。漢章帝建初三年，始使車騎將軍馬防班同三司。班同三司自此始也。漢末奮威將軍，晉江右伏波、輔國將軍，並加大而儀同三司。江左以來，將軍則中、鎮、撫、四鎮以上或加大，餘官則左右光禄大夫以上並得儀同三司，自此以下不得也。

持節都督，無定員。前漢遣使，始有持節。光武建武初，征伐四方，始權時置督軍御史，事竟罷。建安中，魏武帝爲相，始遣大將軍督軍。二十一年征孫權，還，夏侯惇督二十六軍是也。魏文帝黄初二年，始置都督諸州軍事，或領刺史。三年，上軍大將軍曹真都督中外諸軍事。假黄鉞，則總統外内諸軍矣。明帝太和四年，晉宣帝征蜀，加號大都督。高貴公正元二年，晉文帝都督中外諸軍。尋加大都督。晉世則都督諸軍爲上，監諸軍次之，督諸軍爲下。使持節爲上，持節次之，假節爲下。使持節得殺二千石以下；持節殺無官位人，若軍事得與使持節同；假節唯軍事得殺犯軍令者。晉江左以來，都督中外尤重，唯王導居之。宋氏人臣則無也。江夏王義恭假黄鉞。假黄鉞，則專戮節將，非人臣常器矣。

征東將軍，一人。漢獻帝初平三年，馬騰居之。征南將軍，一人。漢光武建武中，岑彭居之。征西將軍，一人。漢光武建武中，馮異居之。征北將軍，一人。魚豢曰：「四征，魏武帝置，秩二千石〔一三〕。黄初中，位次三公。漢舊諸征與偏裨雜號同。」

鎮東將軍，一人。後漢末，魏武帝居之。鎮南將軍，一人。後漢末，劉表居之。鎮西將軍，一人。後漢初平三年，韓遂居之。鎮北將軍，一人。

中軍將軍，一人。漢武帝以公孫敖爲之，時爲雜號。鎮軍將軍，一人。魏以陳羣爲之。撫軍將軍，一人。魏以司馬宣王爲之。中、鎮、撫三號比四鎮。

安東將軍，一人。後漢末，陶謙爲之。安南將軍，一人。安西將軍，一人。後漢末，段煨爲之。安北將軍，一人。魚豢曰：「鎮北、四安，魏黄初、太和中置。」

平東將軍，一人。平南將軍，一人。平西將軍，一人。平北將軍，一人。四平，魏世置。

左將軍。右將軍。前將軍。後將軍。左將軍以下，周末官，秦、漢並因之，光武建武七年省，魏以來復置。

征虜將軍，漢光武建武中，始以祭遵居之。冠軍將軍，楚懷王以宋義爲卿子冠軍。冠軍之名，自此始也。魏正始中，以文欽爲冠軍將軍、揚州刺史。輔國將軍，漢獻帝以伏完居之。宋太宗泰始四年，改爲輔師〔一三〕，後廢帝元徽二年復故。龍驤將軍，晉武帝始以王濬居之〔一四〕。

東中郎將，漢靈帝以董卓居之。南中郎將，漢獻帝建安中，以臨淄侯曹植居之。西中郎將。北中郎將，漢建安中，以隅陵侯曹彰居之。凡四中郎將，何承天云，並後漢置。

建威將軍，漢光武建武中，以耿弇爲建威大將軍〔一五〕。振威將軍，後漢初，宋登爲之。奮威將軍，前漢世，任千秋爲之。揚威將軍，魏置。廣威將軍，魏置。建武將軍，魏置。振武將軍，前漢末，王況爲之。奮武將軍，後漢末，呂布爲之。揚武將軍，光武建武中，以馬成爲之。廣武將軍，晉江左置。

鷹揚將軍，漢建安中，魏武以曹洪居之。折衝將軍，漢建安中，魏武以樂進居之。輕車將軍，漢武帝以公孫賀爲之。揚烈將軍，建安中，以假公孫淵。寧遠將軍，晉江左置。材官將軍，漢武帝以李息爲之。伏波將軍，漢武帝征南越，始置此號，以路博德爲之。

凌江將軍，魏置。自凌江以下，則有宣威、明威、驤威、厲威、威厲、威寇、威虜、威戎、威武、武烈、武毅、武奮、綏遠、綏邊、綏戎、討寇、討虜、討難、討夷、蕩寇、蕩虜、蕩難、蕩逆、殄寇、殄虜、殄難、掃夷、掃寇、掃虜、掃難、掃逆、厲武、厲鋒、虎威、虎牙、廣野、横野、偏將軍、裨將軍，凡四十號。其威虜，漢光武以馮駿居之〔一六〕。虎牙，以蓋延居之，爲虎牙大將軍。横野，以耿純居之。蕩寇，漢建安中，滿寵居之〔一七〕。虎威，于禁居之。其餘或是後漢及魏所置，今則或置或不。自左右前後將軍以下至此四十號，唯四中郎將各一人，餘皆無定員。自車騎以下爲刺史又都督及儀同三司者，置官如領兵，但云都督不儀同三司者，不置從事中郎，置功曹一人，主吏，在主簿上，漢末官也。漢東京司隸有功曹從事史，如諸州治中，因其名也。功曹參軍一人，主佐□□記室下，户曹上〔一八〕。監以下不置諮議、記室，餘則同矣。宋太宗已來，皇子、皇弟雖非都督，亦置記室參軍。小號將軍爲大郡邊守置佐吏者，又置長史，餘則同也。

太常，一人。舜攝帝位，命伯夷作秩宗，掌三禮，即其任也。周時曰宗伯，是爲春官，掌邦禮。秦改曰奉常，漢因之。景帝中六年〔一九〕，更名曰太常。應劭曰：「欲令國家盛大常存，故稱太常。」前漢常以列侯忠孝敬慎者居之，後漢不必列侯也。

博士，班固云，秦官。史臣案，六國時往往有博士，掌通古今。漢武建元五年，初置五經博士。宣、成之世，五經家法稍增，經置博士一人。至東京凡十四人。易，施、孟、梁丘、京氏；尚書，歐陽、大小夏侯；詩，齊、魯、韓；禮，大小戴；春秋，嚴、顔：各一博士。而聰明有威重者一人爲祭酒。魏及晉西朝置十九人，江左初減爲九人，皆不知掌何經。元帝末，增儀禮、春秋公羊博士各一人，合爲十一人。後又增爲十六人，不復分掌五經，而謂之太學博士也。秩六百石。

國子祭酒一人，國子博士二人，國子助教十人。周易、尚書、毛詩、禮記、周官、儀禮、春秋左氏傳、公羊、穀梁各爲一經，論語、孝經爲一經，合十經。助教分掌。國子，周舊名，周有師氏之職，即今國子祭酒也。晉初復置國子學，以教生徒，而隸屬太學焉。晉初助教十五人，江左以來，損其員。自宋世若不置學，則助教唯置一人，而祭酒、博士常置也。

太廟令，一人。丞一人。並前漢置。西京曰長，東京曰令。領齋郎二十四人。

明堂令，一人。丞一人。丞，漢東京初置，令，宋世祖大明中置。

太祝令，一人。丞一人。掌祭祀讀祝迎送神。太祝，周舊官也。漢西京置太祝令、丞，武帝太初元年，更名曰廟祀〔一〇〕。漢東京改曰太祝。

太史令，一人。丞一人。掌三辰時日祥瑞妖災，歲終則奏新曆。太史，三代舊官，周世掌建邦之六典，正歲年，以序事頒朔于邦國。又有馮相氏，掌天文次序；保章氏，掌天文。今之太史，則并周之太史、馮相、保章三職也。漢西京曰太史令。漢東京有二丞，其一在靈臺。

太樂令，一人。丞一人。掌凡諸樂事。周時爲大司樂。漢西京曰太樂令。漢東京曰大予樂令。魏復爲太樂令。

陵令，每陵各一人。漢舊官也。

乘黄令，一人。掌乘輿車及安車諸馬。魏世置。自博士至乘黄令，並屬太常。

光禄勳，一人。丞一人。光，明也。禄，爵也。勳，功也。秦曰郎中令，漢因之。漢武太初元年，更名光禄勳。掌三署郎，郎執戟衞宫殿門户。光禄勳居禁中如御史，有獄在殿門外，謂之光禄外部。光禄勳郊祀掌三獻。魏、晉以來，光禄勳不復居禁中，又無復三署郎，唯外宫朝會，則以名到焉〔三〕。二臺奏劾，則符光禄加禁止，解禁止亦如之。禁止，身不得入殿省，光禄主殿門故也。宫殿門户，至今猶屬。晉哀帝興寧二年，省光禄勳，并司徒。孝武寧康元年，復置。漢東京三署郎有行應四科者，歲舉茂才二人，四行二人，及三署郎罷省，光禄勳猶依舊舉四行，衣冠子弟充之。三署者，五官署、左署、右署也，各置中郎將以司之。郡舉孝廉以補三署郎，年五十以上，屬五官，其次分在左右署。凡有中郎、議郎、侍郎、郎中四等，無員，多至萬人。

左光禄大夫，右光禄大夫。二大夫，晉初置。光禄大夫，秦時爲中大夫，漢武太初元年，更名光禄大夫。晉初又置左右光禄大夫，而光禄大夫如故。光禄大夫銀章青綬，其重者加金章紫綬，則謂之金紫光禄大夫。舊秩比二千石。

中散大夫，王莽所置，後漢因之。前漢大夫皆無員，掌論議。後漢光禄大夫三人，中大夫二十人，中散大夫三十人。魏以來復無員。自左光禄大夫以下，養老疾，無職事。中散，六百石。

衞尉，一人。丞二人。掌宫門屯兵，秦官也。漢景初，改爲中大夫令〔三〕。後元年，復爲衞尉。晉江右掌冶鑄，領冶令三十九，户五千三百五十。冶皆在江北，而江南唯有梅根及冶塘二冶，皆屬揚州，不屬衞尉。衞尉，江左不置，宋世祖孝建元年復置。舊一丞，世祖增置一丞。

廷尉，一人。丞一人。掌刑辟。凡獄必質之朝廷，與衆共之之義。兵獄同制，故曰廷尉。舜攝帝位，咎繇作士，即其任也。周時大司寇爲秋官，掌邦刑。秦爲廷尉。漢景帝中六年，更名大理。武帝建元四年，復爲廷尉。哀帝元壽二年，復爲大理。漢東京初，復爲廷尉。

廷尉正，一人。廷尉監，一人。正、監並秦官。本有左右監，漢光武省右，猶云左監；魏、晉以來，直云監。廷尉評，一人。漢宣帝地節三年，初置左右評。漢光武省右，猶云左評。魏、晉以來，直云評。正、監、評並以下官禮敬廷尉卿。正、監秩千石，評六百石。廷尉律博士，一人。魏武初建魏國置。

大司農，一人。丞一人。掌九穀六畜之供膳羞者。舜攝帝位，命棄爲后稷，即其任也。周則爲太府，秦治粟内史，漢景帝後元年，更名大農令，武帝太初元年，更名曰大司農。晉哀帝末，省并都水，孝武世復置。漢世丞二人，魏以來一人。

太倉令，一人。丞一人。秦官也。晉江左以來，又有東倉、石頭倉丞各一人。

導官令，一人。丞一人。掌春御米。漢東京置。導，擇也。擇米令精也。司馬相如封禪書云：「導一莖六穗於庖。」

藉田令，一人。丞一人。掌耕宗廟社稷之田，於周爲甸師。漢文帝初立藉田，置令、丞各一人。漢東京及魏並不置。晉武泰始十年復置。江左省。宋太祖元嘉中又置。自太倉至藉田令，並屬司農。

少府，一人。丞一人。掌中服御之物。秦官也，漢因之。掌禁錢以給私養，故曰少府。晉哀帝末，省并丹陽尹〔二三〕。孝武世復置。

左尚方令、丞各一人。右尚方令、丞各一人。並掌造軍器。秦官也，漢因之。於周則爲玉府。晉江右有中尚方、左尚方、右尚方，江左以來，唯一尚方。宋高祖踐阼，以相府作部配臺〔二四〕，謂之左尚方，而本署謂之右尚方焉。又以相府細作配臺，即其名置令一人，丞二人，隸門下。世祖大明中，改曰御府，置令一人，丞一人。御府，二漢世典官婢作褻衣服補浣之事，魏、晉猶置其職，江左乃省焉。後廢帝初，省御府，置中署，隸右尚方。漢東京太僕屬官有考工令，主兵器弓弩刀鎧之屬，成則傳執金吾入武庫，及主織綬諸雜工〔二五〕。尚方令唯主作御刀綬劍諸玩好器物而已。然則考工令如今尚方，尚方令如今中署矣。

東冶令，一人。丞一人。南冶令，一人。丞一人。漢有鐵官，晉置令，掌工徒鼓鑄，隸衞尉。江左以來，省衞尉，度隸少府。宋世雖置衞尉，冶隸少府如故。江南諸郡縣有鐵者或置冶令〔二六〕，或置丞，多是吴所置。

平准令，一人。丞一人。掌染。秦官也，漢因之。漢隸司農，不知何世隸少府。宋順帝即位，避帝諱，改曰染署。

將作大匠，一人。丞一人。掌土木之役。秦世置將作少府，漢因之。景帝中六年，更名將作大匠。光武中元二年省〔二七〕，以謁者領之。章帝建初元年復置。晉氏以來，有事則置，無則省。

大鴻臚，掌贊導拜授諸王。秦世爲典客，漢景帝中六年，更名大行令，武帝太初元年，更名大鴻臚。鴻，大也。臚，陳也。晉江左初省。有事則權置，事畢即省。

太僕，掌輿馬。周穆王所置，秦因之。周官則校人掌馬，巾車掌車〔二八〕，及置太僕，兼其任也。晉江左或置或省，宋以來不置。郊祀則權置太僕執轡，事畢即省。

太后三卿〔二九〕，各一人。應氏漢官曰：「衞尉、少府，秦官；太僕，漢成帝置。皆隨太后宫爲號，在正卿上，無太后乃闕。」魏改漢制，在九卿下。晉復舊，在同號卿上。

大長秋，皇后卿也。有后則置，無則省。秦時爲將行，漢景帝中六年，更名大長秋。

韋曜曰：「長秋者，以皇后陰官，秋者陰之始，取其終而長，欲其久也。」自太常至長秋，皆置功曹、主簿、五官。漢東京諸郡有五官掾，因其名也。漢制卿尹秩皆中二千石，丞一千石。

尚書，古官也。舜攝帝位，命龍作納言，即其任也。周官司會，鄭玄云，若今尚書矣。秦世少府遣吏四人在殿中主發書，故謂之尚書。尚猶主也。漢初有尚冠、尚衣、尚食、尚浴、尚席、尚書，謂之六尚。戰國時已有尚冠、尚衣之屬矣。秦時有尚書令、尚書僕射、尚書丞。至漢初並隸少府，漢東京猶文屬焉。古者重武官，以善射者掌事，故曰僕射。僕射者，僕役於射事也。秦世有左右曹諸吏，官無職事，將軍大夫以下皆得加此官。漢武帝世，使左右曹諸吏分平尚書奏事〔三〇〕。昭帝即位，霍光領尚書事；成帝初，王鳳錄尚書事〔三一〕。漢東京每帝即位，輒置太傅，錄尚書事，薨輒省。晉康帝世，何充讓錄表曰：「咸康中，分置三錄，王導錄其一，荀崧、陸曄各錄六條事。」然則似有二十四條，若止有十二條，則荀、陸各錄六條，導又何所司乎？若導總錄，荀、陸分掌，則不得復云導錄其一也。其後每置二錄，輒云各掌六條事，又是止有十二條也。十二條者，不知悉何條。晉江右有四錄，則四人參錄也。江右張華、江左庾亮並經關尚書七條，則亦不知皆何事也。後何充解録，又參闕尚書。録尚書職無不總，王肅注尚書「納于大麓」曰：「堯納舜於尊顯之官，使大録萬機之政也〔二二〕。」凡重號將軍刺史，皆得命曹授用，唯不得施除及加節。宋世祖孝建中，不欲威權外假，省録。大明末復置。此後或置或省。漢獻帝建安四年，以執金吾榮郃爲尚書左僕射，衞臻爲右僕射。二僕射分置，自此始也。漢成帝建始四年，初置尚書，員四人，增丞亦爲四人。曹尚書其一曰常侍曹，主公卿事；其二曰二千石曹，主郡國二千石事；其三曰民曹，主吏民上書事；其四曰客曹，主外國夷狄事。光武分二千石曹爲二，又分客曹爲南主客曹、北主客曹，改常侍曹爲吏曹，凡六尚書。減二丞，唯置左右二丞而已。應劭漢官云：「尚書令、左丞，總領綱紀，無所不統。僕射、右丞，掌稟假錢穀。三公尚書二人，掌天下歲盡集課；吏曹掌選舉、齋祠；二千石曹掌水、火、盜賊、詞訟、罪法；客曹掌羌、胡朝會，法駕出，護駕；民曹掌繕治、功作、鹽池、苑囿。吏曹任要，多得超遷。」則漢末曹名及職司又與光武時異也。魏世有吏部、左民、客曹、五兵、度支五曹尚書〔二三〕。晉初有吏部、三公、客曹、駕部、屯田、度支六曹尚書。武帝咸寧二年，省駕部尚書，四年又置。太康中，有吏部、殿中、五兵、田曹、度支、左民六尚書。惠帝世，又有右民尚書。尚書止於六曹，不知此時省何曹也。江左則有祠部、吏部、左民、度支、五兵，合爲五曹尚書。宋高祖初，又增都官尚書。若有右僕射，則不置祠部尚書。世祖大明二年，置二吏部尚書，省五兵尚書〔三四〕，後還置一吏部尚書。順帝昇明元年，又置五兵尚書。

尚書令，任總機衡；僕射、尚書，分領諸曹。左僕射領殿中、主客二曹；吏部尚書領吏部、删定、三公、比部四曹；祠部尚書領祠部、儀曹二曹；度支尚書領度支、金部、倉部、起部四曹；左民尚書領左民、駕部二曹；都官尚書領都官、水部、庫部、功論四曹〔三五〕；五兵尚書領中兵、外兵二曹。昔有騎兵、別兵、都兵，故謂之五兵也。五尚書、二僕射、一令，謂之八坐。若營宗廟宮室，則置起部尚書，事畢省。

漢成帝之置四尚書也，無置郎之文。漢儀，尚書郎四人，一人主匈奴單于營部，一人主羌夷吏民，一人主户口墾田，一人主財帛委輸。匈奴單于，宣帝之世，保塞內附，成帝世，單于還北庭矣。一郎主匈奴單于營部〔三六〕，則置郎疑是光武時，所主匈奴，是南單于也。漢官云，置郎三十六人，不知是何帝增員。然則一尚書則領六郎也。主作文書，起立事草。初爲郎中，滿歲則爲侍郎。尚書寺居建禮門內。尚書郎入直，官供青縑白綾被，或以綿緤爲之。給帷帳、氈褥、通中枕，太官供食物，湯官供餅餌及五孰果實之屬，給尚書伯使一人，女侍二人，皆選端正妖麗，執香爐，護衣服，奏事明光殿。殿以胡粉塗壁，畫古賢烈士。以丹朱色地，謂之丹墀。尚書郎口含雞舌香，以其奏事答對，欲使氣息芬芳也。奏事則與黃門侍郎對揖。黃門侍郎稱已聞，乃出。天子所服五時衣以賜尚書令僕，而丞、郎月賜赤管大筆一雙，隃麋墨一丸。魏世有殿中、吏部、駕部、金部、虞曹、比部、南主客、祠部、度支、庫部、農部、水部、儀曹、三公、倉部、民曹、二千石、中兵、外兵、別兵、都兵、考功、定科，凡二十三郎。青龍二年有軍事，尚書令陳矯奏置都官、騎兵二曹郎，合爲二十五曹。晉西朝則直事、殿中、祠部、儀曹、吏部、三公、比部、金部、倉部、度支、都官、二千石、左民、右民、虞曹、屯田、起部、水部、左主客、右主客、駕部、車部、庫部、左中兵、右中兵、左外兵、右外兵、別兵、都兵、騎兵、左士、右士、北主客、南主客爲三十四曹郎；後又置運曹，凡三十五曹。晉江左初，無直事、右民、屯田、車部、別兵、都兵、騎兵、左士、右士、運曹十曹郎〔三七〕，而主客、中外兵各置一郎而已〔三八〕，所餘十七曹也〔三九〕。康、穆以來，又無虞曹、二千石二郎，猶有殿中、祠部、吏部、儀曹、三公、比部、金部、倉部、度支、都官、左民、起部、水部、主客、駕部、庫部、中兵、外兵十八曹郎〔四〇〕。後又省主客、起部、水部，餘十五曹。宋高祖初，加置騎兵、主客、起部、水部四曹郎，合爲十九曹。太祖元嘉十年，又省儀曹、主客、比部、騎兵四曹郎。十一年，又並置。十八年，增删定曹郎，次在左民曹上，蓋魏世之定科郎也。三十年，又置功論郎，次都官之下，在删定之上。太宗世，省騎兵。今凡二十曹郎。以三公、比部主法制。度支主筭。支，派也。度，景也。都官主軍事刑獄。其餘曹所掌，各如其名。

漢制，公卿御史中丞以下，遇尚書令、僕、丞、郎，皆辟車豫相回避〔四一〕，臺官過，乃得去。今尚書官上朝及下，禁斷行人，猶其制也。漢又制，丞、郎見尚書，呼曰明時。郎見二丞，呼曰左君、右君。

郎以下則有都令史、令史、書令史、書吏、幹。漢東京尚書令史十八人，晉初正令史百二十人，書令史百三十人。自晉至今，或減或益，難以定言。漢儀有丞相令史。令史蓋前漢官也。晉西朝有尚書都令史朱誕，則都令史其來久矣。分曹所掌如尚書也。

晉西朝八坐丞郎，朝晡詣都坐朝，江左唯旦朝而已。八坐丞郎初拜，並集都坐，交禮。遷，又解交。漢舊制也。今唯八坐解交，丞郎不復解交也。尚書令千石，僕射尚書六百石，丞郎四百石。

武庫令，一人。掌軍器。秦官。至二漢，屬執金吾〔四二〕。晉初罷執金吾，至今隸尚書庫部。

車府令，一人。丞一人。秦官也。二漢、魏、晉並隸太僕。太僕既省，隸尚書駕部。

上林令，一人。丞一人。漢西京上林中有八丞、十二尉、十池監。丞、尉屬水衡都尉〔四三〕。池監隸少府。漢東京曰上林苑令及丞各一人，隸少府。晉江左闕。宋世祖大明三年復置，隸尚書殿中曹及少府。

材官將軍，一人。司馬一人。主工匠土木之事。漢左右校令，其任也。魏右校又置材官校尉，主天下材木事。晉江左改材官校尉曰材官將軍，又罷左校令。今材官隸尚書起部及領軍。

侍中，四人。掌奏事，直侍左右，應對獻替。法駕出，則正直一人負璽陪乘。殿內門下衆事皆掌之。周公戒成王立政之篇所云「常伯」，即其任也。侍中本秦丞相史也，使五人往來殿內東廂奏事，故謂之侍中。漢西京無員，多至數十人，入侍禁中，分掌乘輿服物，下至褻器虎子之屬。武帝世，孔安國爲侍中，以其儒者，特聽掌御唾壺，朝廷榮之。久次者爲僕射。漢東京又屬少府，猶無員。掌侍左右，贊導衆事，顧問應答。法駕出，則多識者一人負傳國璽，操斬白蛇劍，參乘；餘皆騎，在乘輿車後。光武世，改僕射爲祭酒焉。漢世，與中官俱止禁中。武帝時，侍中莽何羅挾刃謀逆，由是侍中出禁外，有事乃入，事畢即出。王莽秉政，侍中復入，與中官共止。章帝元和中，侍中郭舉與後宮通，拔佩刀驚御，舉伏誅，侍中由是復出外。魏、晉以來，置四人，別加官不主數。秩比二千石。

校勘記

〔一〕契玄孫之子曰冥　「玄孫」二字原闕，據通典卷二〇職官二補。按史記卷三殷本紀，冥爲契玄孫之子。

〔二〕漢高帝以韓信爲大將軍　「韓信」，原作「緯信」，三朝本作「紀信」，今據南監本、北監本、汲本、殿本、局本改。

〔三〕石苞爲大司馬　「大」字原闕，據晉書卷三武帝紀補。

〔四〕自太尉至大將軍驃騎車騎衞將軍皆有長史一人　「驃騎車騎」，原作「車騎驃騎」，據局本乙正。按通典卷二九職官一一云：「宋大將軍、驃騎、車騎、衞將軍諸府皆有長史一人。」

〔五〕太傅不置長史也　按類聚卷四六引沈約宋書、御覽卷二〇六引宋書云「晉宣帝爲魏太傅，誅曹爽後，置左右長史，掾、屬、舍人各十人。事既非常，加又領兵，非准例也」。疑是此下逸文。

〔六〕東西曹又置屬　「又置」二字原闕，據册府卷七一六補。

〔七〕宋高祖爲相止置諮議參軍　「相止置」三字原闕，據册府卷七一六補。

〔八〕「今諸曹則有録事記室户曹」至「車曹士曹集右户墨曹凡十八曹參軍」　「集」字下，職官分紀卷五所載有「曹」字，作「集曹」，則爲十九曹，與十八曹之數不合。孫虨考論卷二：「十八曹無集曹，『右户』上『集』字衍。」

〔九〕其東曹西曹度支金曹理曹典兵兵曹賊曹運曹禁防典賓騎士車曹凡十三曹今闕　「理曹」之

「曹」字原闕，據志例補。

〔一〇〕板行參軍下則長兼行參軍　「下」，原作「不」，據通典卷二一職官三改。

〔一一〕魏世車騎爲都督　「車騎」，原作「驃騎」，據局本、通典卷二九職官一一改。

〔一二〕秩二千石　「石」字原闕，據職官分紀卷三三引宋百官志補。

〔一三〕宋太宗泰始四年改爲輔師　本書卷八明帝紀云泰始五年秋七月壬戌「改輔國將軍爲輔師將軍」。

〔一四〕龍驤將軍晉武帝始以王濬居之　錢大昕考異卷二三於宋書卷四〇百官志下寧朔至五威、五武將軍條云：「寧朔將軍，班在五威、五武之上，而前卷敍列將軍獨遺之，此傳寫偶脱一行耳。南齊志，寧朔將軍列於輔國之後。據此志官品先後次之，似寧朔當在龍驤之後矣。」按本書卷四〇百官志下，「諸征、鎮至龍驤將軍」，官第三品；「寧朔至五威、五武將軍」，官第四品。是寧朔將軍乃在龍驤之後，四中郎將及五威、五武將軍之前。是此條之後必脱述寧朔之文也。

〔一五〕以耿弇爲建威大將軍　「建威」，原作「建武」，據三朝本、南監本、北監本、汲本、殿本、局本改。按後漢書卷一九耿弇傳作「建威大將軍」。

〔一六〕其威虜漢光武以馮駿居之　「馮駿」，原作「馬浚」。按後漢書卷一下光武帝紀下、卷一三公孫述傳、卷一七岑彭傳並作「馮駿」，今改正。

〔一七〕滿寵居之　「滿寵」，原作「蒲寵」，據南監本、汲本、殿本、局本改。

〔一八〕主佐□□記室下户曹上　按功曹參軍爲主軍府中之佐吏，疑上一闕字爲「吏」字。又據上文所云，此「記室下，户曹上」者，乃謂功曹參軍位於記室及户曹二參軍之間。今由上文「置功曹一人，主吏，在主簿上」例之，疑下一闕字爲「在」字。孫虨考論卷二：「『記室』上空是『在』字。」

〔一九〕景帝中六年　「中六年」，原作「六年」，據局本改。按漢書卷一九上百官公卿表上作「中六年」。

〔二〇〕更名曰廟祀　「廟祀」，原作「廣記」，據局本、通典卷二五職官七改。殿本考證：「按漢書，太祝令，景帝時更名曰『祠祀』，武帝太初元年更名曰『廟祀』。『廣記』二字當即『廟祀』之誤。」

〔二一〕則以名到焉　「到」，職官分紀卷一八引宋百官志作「列」，疑是。

〔二二〕改爲中大夫令　「中大夫令」，原作「中大夫」，據局本、通典卷二五職官七補。按漢書卷一九上百官公卿表上云：「景帝初，更名中大夫令。」

〔二三〕省并丹陽尹　「尹」字原闕，據南監本、北監本、汲本、殿本、局本、晉書卷二四職官志、通典卷二七職官九補。

〔二四〕以相府作部配臺　「作」字原闕，據局本、通典卷二七職官九補。

〔二五〕及主織綬諸雜工　「主」字原闕，據續漢書百官志二、通典卷二七職官九、册府卷六二〇補。

〔二六〕江南諸郡縣有鐵者或置冶令　「鐵」字原闕，據局本、唐六典卷二二引宋書、通典卷二七職官九補。

〔二七〕光武中元二年省　「中元」二字原闕，據續漢書百官志四劉昭注引蔡質漢儀、通典卷二七職官九補。

〔二八〕巾車掌車　「掌」，原作「尚」，據局本、通典卷二五職官七、職官分紀卷一九引宋百官志改。

〔二九〕太后三卿　「三」，原作「十」，據南監本、北監本、汲本、殿本、局本改。按通典卷二五職官七云晉太后三卿，宋因之。

〔三〇〕使左右曹諸吏分平尚書奏事　「奏」字原闕，據類聚卷四八引沈約宋書、晉書卷二四職官志、通典卷二二職官四、御覽卷二一〇引沈約宋書補。

〔三一〕成帝初王鳳録尚書事　「録尚書事」，疑爲「領尚書事」之訛。按漢書卷一〇成帝紀、卷九八元后傳並云元帝崩後，成帝以王鳳「爲大司馬大將軍，領尚書事」，則王鳳是時所任乃領尚書事。晉書卷二四職官志云：「王鳳以大司馬，師丹以左將軍並領尚書事。後漢章帝以太傅趙憙、太尉牟融並録尚書事。尚書有録名，蓋自憙、融始。」

〔三二〕使大録萬機之政也　「使」字原闕，據類聚卷四八引沈約宋書、御覽卷二一〇引沈約宋書補。

〔三三〕魏世有吏部左民客曹五兵度支五曹尚書　「客曹」，原作「民曹」，據局本、通典卷二二職官四、通志卷五三改。

〔三四〕省五兵尚書　「省」字原闕，據局本補。按本書卷六孝武帝紀亦云是時「增置吏部尚書一人，省五兵尚書」。

〔三五〕都官尚書領都官水部庫部功論四曹　「功論」，原作「功部」，據南齊書卷一六百官志、通典卷二三職官五改。

〔三六〕一郎主匈奴單于營部　「營部」上原衍「也」字，按御覽卷二一五引漢官儀無此字，今删去。

〔三七〕無直事右民屯田車部別兵都兵騎兵左士右士運曹十曹郎　「右民」之「右」字原闕，據局本、晉書卷二四職官志補。

〔三八〕而主客中外兵各置一郎而已　「外」字原闕，據局本補。

〔三九〕所餘十七曹也　下云東晉康帝、穆帝以後，又無虞曹、二千石二郎，猶有十八曹郎，而此云十七曹郎，疑曹數有誤。

〔四〇〕猶有殿中祠部吏部儀曹三公比部金部倉部度支都官左民起部水部主客駕部庫部中兵外兵十八曹郎　「金部」、「外兵」四字原闕，據局本、晉書卷二四職官志、册府卷四五七補。「起部」，原作「都部」，據局本、晉書卷二四職官志、册府卷四五七改。

〔四一〕皆辟車豫相回避　「辟」字原闕，據南監本、局本補。

〔四二〕屬執金吾　「執」字原闕，據局本、通典卷二五職官七補。

〔四三〕丞尉屬水衡都尉　「水衡都尉」之「尉」字原闕，據通典卷二七職官九補。

宋書卷四十

志第三十

百官下

給事黃門侍郎，四人。與侍中俱掌門下衆事〔一〕。郊廟臨軒，則一人執麾〔二〕。漢百官表秦曰給事黃門，無員，掌侍從左右，漢因之。漢東京曰給事黃門侍郎，亦無員，掌侍從左右，關通中外，諸王朝見，則引王就坐〔三〕。應劭曰：「每日莫向青瑣門拜，謂之夕郎。」史臣按劉向與子歆書曰：「黃門郎，顯處也。」然則前漢世已爲黃門侍郎矣。董巴漢書曰：「禁門曰黃闥，中人主之，故號曰黃門令。」然則黃門郎給事黃闥之内，故曰黃門郎也。魏、晉以來員四人，秩六百石〔四〕。

公車令，一人。掌受章奏。秦有公車司馬令，屬衛尉，漢因之，掌宫南闕門。凡吏民上章，四方貢獻，及徵詣公車者，皆掌之。晉江左以來，直云公車令。

太醫令，一人。丞一人。周官爲醫師，秦爲太醫令，至二漢屬少府。

太官令，一人。丞一人。周官爲膳夫，秦爲太官令，至漢屬少府。

驊騮廄丞，一人。漢西京爲龍馬長，漢東京爲未央廄令，魏爲驊騮令。自公車令至此，隸侍中。

散騎常侍，四人。掌侍左右。秦置散騎，又置中常侍，散騎並乘輿車後。中常侍得入禁中。皆無員，並爲加官。漢東京初省散騎，而中常侍因用宦者。魏文帝黃初初，置散騎，合於中常侍，謂之散騎常侍，始以孟達補之。久次者爲祭酒散騎常侍，秩比二千石。

通直散騎常侍，四人。魏末散騎常侍又有在員外者，晉武帝使二人與散騎常侍通直，故謂之通直散騎常侍。晉江左置五人。

員外散騎常侍，魏末置，無員。

散騎侍郎，四人。魏初與散騎常侍同置。魏、晉散騎常侍、侍郎，與侍中、黃門侍郎共平尚書奏事，江左乃罷。

通直散騎侍郎，四人。初晉武帝置員外散騎侍郎四人，元帝使二人與散騎侍郎通直，故謂之通直散騎侍郎，後增爲四人。

員外散騎侍郎，晉武帝置，無員。

給事中，無員。漢西京置。掌顧問應對，位次中常侍。漢東京省，魏世復置。

奉朝請，無員，亦不爲官。漢東京罷省三公，外戚、宗室、諸侯多奉朝請。奉朝請者，奉朝會請召而已。晉武帝亦以宗室外戚爲奉車、駙馬、騎都尉，而奉朝請焉。元帝爲晉王，以參軍爲奉車都尉，掾、屬爲駙馬都尉，行參軍、舍人爲騎都尉，皆奉朝請。後省奉車、騎都尉，唯留駙馬都尉奉朝請。永初已來，以奉朝請選雜，其尚主者唯拜駙馬都尉。三都尉並漢武帝置。孝建初，奉朝請省駙馬都尉。三都尉秩比二千石。

中書令，一人。中書監，一人〔五〕。中書侍郎，四人。中書通事舍人，四人。漢武帝游宴後廷〔六〕，始使宦者典尚書事，謂之中書謁者，置令、僕射。元帝時，令弘恭，僕射石顯，秉勢用事，權傾内外。成帝改中書謁者令曰中謁者令，罷僕射〔七〕。漢東京省中謁者令，而有中官謁者令，非其職也。魏武帝爲王，置祕書令，典尚書奏事，又其任也。文帝黄初初，改爲中書令，又置監，及通事郎，次黄門郎。黄門郎已署事過，通事乃奉以入，爲帝省讀書可。晉改曰中書侍郎，員四人。晉江左初，改中書侍郎曰通事郎，尋復爲中書侍郎。

晉初置舍人一人，通事一人。江左初，合舍人通事謂之通事舍人，掌呈奏案章。後省通事，中書差侍郎一人直西省，又掌詔命。宋初又置通事舍人，而侍郎之任輕矣。舍人直閤內，隸中書。其下有主事，本用武官，宋改用文吏。

祕書監，一人。祕書丞，一人。祕書郎，四人。漢桓帝延熹二年，置祕書監。皇甫規與張奐書云「從兄祕書它何動靜」是也。應劭漢官曰：「祕書監一人，六百石。」後省。魏武帝爲魏王，置祕書令、祕書丞。祕書典尚書奏事。文帝黃初初，置中書令，典尚書奏事，而祕書改令爲監。後欲以何楨爲祕書丞，而祕書先自有丞，乃以楨爲祕書右丞〔八〕。後省。掌藝文圖籍。周官外史掌四方之志、三皇五帝之書，即其任也。漢西京圖籍所藏，有天祿、石渠、蘭臺、石室、延閣、廣內之府是也〔九〕。東京圖書在東觀。晉武帝以祕書并中書，省監，謂丞爲中書祕書丞。惠帝復置著作郎一人，佐郎八人，掌國史。周世左史記事，右史記言，即其任也。漢東京圖籍在東觀，故使名儒碩學，著作東觀，撰述國史。著作之名，自此始也。魏世隸中書。晉武世，繆徵爲中書著作郎。元康中，改隸祕書，後別自爲省，而猶隸祕書。著作郎謂之大著作，專掌史任。晉制，著作佐郎始到職，必撰名臣傳一人。宋氏初，國朝始建，未有合撰者，此制遂替矣。

領軍將軍，一人。掌内軍。漢有南北軍，衞京師。武帝置中壘校尉，掌北軍營。光武省中壘校尉，置北軍中候，監五校營。魏武爲丞相，相府自置領軍，非漢官也。文帝即魏王位，魏始置領軍，主五校、中壘、武衞三營。晉武帝初省，使中軍將軍羊祜統二衞前後左右驍騎七軍營兵，即領軍之任也。祜遷罷，復置北軍中候。北軍中候置丞一人。懷帝永嘉中，改曰中領軍。元帝永昌元年，復改曰北軍中候。尋復爲領軍。成帝世，復以爲中候，而陶回居之。尋復爲領軍。領軍今猶有南軍都督。

護軍將軍，一人。掌外軍。秦時護軍都尉，漢因之。陳平爲護軍中尉，盡護諸將。然則復以都尉爲中尉矣。武帝元狩四年，以護軍都尉屬大司馬，于時復爲都尉矣〔一〇〕。漢書李廣傳，廣爲驍騎將軍，屬護軍將軍。蓋護軍護諸將軍。哀帝元壽元年，更名護軍都尉曰司寇。平帝元始元年，更名護軍都尉。東京省，班固爲大將軍中護軍，隸將軍幕府，非漢朝列職。魏武爲相，以韓浩爲護軍，史奐爲領軍，非漢官也。建安十二年，改護軍爲中護軍，領軍爲中領軍，置長史、司馬。魏初因置護軍，主武官選，隸領軍，晉世則不隸也。晉元帝永昌元年，省護軍并領軍。明帝太寧二年，復置。魏、晉江右領、護各領營兵；江左以來，領軍不復別置營〔一一〕，總統二衞驍騎材官諸營；護軍猶別有營也〔一二〕。領、護資重者爲領軍、護軍將軍，資輕者爲中領軍、中護軍。官屬有長史、司馬、功曹、主簿、五官。受命出征，則置參軍。

左衞將軍，一人。右衞將軍，一人。二衞將軍掌宿衞營兵。二漢、魏不置。晉文帝爲相國，相國府置中衞將軍。武帝初，分中衞置左右衞將軍，以羊琇爲左衞，趙序爲右衞。二衞江右有長史、司馬、功曹、主簿，江左無長史。

驍騎將軍，漢武帝元光六年，李廣爲驍騎將軍。魏世置爲内軍，有營兵，高功者主之。先有司馬、功曹、主簿，後省。

游擊將軍，漢武時，韓説爲游擊。是爲六軍。

左軍將軍。右軍將軍。前軍將軍。後軍將軍。魏明帝時，有左軍將軍，然則左軍魏官也。晉武帝初，置前軍、右軍，泰始八年，又置後軍。是爲四軍。

左中郎將。右中郎將。秦官，漢因之。與五官中郎將領三署郎，魏無三署郎，猶置其職。晉武帝省。宋世祖大明中又置。

屯騎校尉。步兵校尉。越騎校尉。長水校尉。射聲校尉。五校並漢武帝置。屯騎、步兵掌上林苑門屯兵；越騎掌越人來降，因以爲騎也；一説取其材力超越也。長水掌長水宣曲胡騎。長水，胡部落名也。胡騎屯宣曲觀下。韋曜曰：「長水校尉，典胡騎，廄近長水，故以爲名。長水，蓋關中小水名也。」射聲掌射聲士，聞聲則射之，故以爲名。漢光武初改屯騎爲驍騎，越騎爲青巾。建武十五年，復舊。漢東京五校，典宿衛士。自游擊至五校，魏、晉逮于江左，初猶領營兵，並置司馬、功曹、主簿，後省。二中郎將本不領營也。

五營校尉，秩二千石。

虎賁中郎將，周官有虎賁氏。漢武帝建元三年，始微行出遊，選材力之士執兵從送，期之諸門，故名期門。無員，多至千人。平帝元始元年，更名曰虎賁郎，置中郎將領之。虎賁舊作虎奔，言如虎之奔走也。王莽輔政，以古有勇士孟賁，故以奔爲賁。比二千石。

冗從僕射，漢東京有中黄門冗從僕射，非其職也。魏世因其名而置冗從僕射。

羽林監，漢武帝太初元年，初置建章營騎，亦掌從送次期門，後更名羽林騎，置令、丞。宣帝令中郎將騎都尉監羽林，謂之羽林中郎將。漢東京又置羽林左監、羽林右監，至魏世不改。晉罷羽林中郎將，又省一監，置一監而已。自虎賁至羽林，是爲三將。哀帝省。宋高祖永初初，復置。江右領營兵，江左無復營兵。羽林監六百石。

積射將軍。彊弩將軍。漢武帝以路博德爲彊弩校尉，李沮爲彊弩將軍。宣帝以許延壽爲彊弩將軍。彊弩將軍至東漢爲雜號。前漢至魏無積射。晉太康十年，立射營、弩營，置積射、彊弩將軍主之。自驍騎至彊弩將軍，先並各置一人；宋太宗泰始以來，多以軍功得此官，今並無復員。

殿中將軍。殿中司馬督。晉武帝時，殿内宿衞，號曰三部司馬，置此二官，分隸左右二衞。江右初，員十人。朝會宴饗，則將軍戎服，直侍左右，夜開城諸門，則執白虎幡監之。晉孝武太元中，改選，以門閥居之。宋高祖永初初，增爲二十人。其後過員者，謂之殿中員外將軍、員外司馬督。其後並無復員。

武衞將軍，無員。初魏王始置武衞中郎將，文帝踐阼，改爲衞將軍，主禁旅，如今二衞，非其任也。晉氏不常置。宋世祖大明中，復置，代殿中將軍之任，比員外散騎侍郎。

武騎常侍，無員。漢西京官。車駕游獵，常從射猛獸。後漢、魏、晉不置。宋世祖大明中，復置。比奉朝請。

御史中丞，一人〔一三〕。掌奏劾不法。秦時御史大夫有二丞〔一四〕，其一曰御史丞，其二曰御史中丞。殿中蘭臺祕書圖籍在焉，而中丞居之。外督部刺史，内領侍御史，受公卿奏事，舉劾按章。時中丞亦受奏事，然則分有所掌也。成帝綏和元年，更名御史大夫爲大司空，置長史，而中丞官職如故。哀帝建平二年，復爲御史大夫。元壽二年，復爲大司空。而中丞出外爲御史臺主，名御史長史。光武還曰中丞，又屬少府。獻帝時，更置御史大夫，自置長史一人，不復領中丞也。漢東京御史中丞遇尚書丞郎，則中丞止車執版揖，而丞郎坐車舉手禮之而已。不知此制何時省。中丞每月二十五日，繞行宮垣白壁。史臣按漢志執金吾每月三繞行宮城，疑是省金吾，以此事併中丞。中丞秩千石。

治書侍御史，掌舉劾官品第六已上。漢宣帝齋居決事，令御史二人治書，因謂之治書御史。漢東京使明法律者爲之，天下讞疑事，則以法律當其是非。魏、晉以來，則分掌侍御史所掌諸曹，若尚書二丞也。

侍御史，於周爲柱下史。周官有御史，掌治令，亦其任也。秦置侍御史，漢因之。二漢員並十五人。掌察舉非法，受公卿奏事，有違失者舉劾之。凡有五曹，一曰令曹，掌律令；二曰印曹，掌刻印；三曰供曹，掌齋祠；四曰尉馬曹，掌官廄馬；五曰乘曹，掌護駕。魏置御史八人，有治書曹，掌度支運，課第曹，掌考課，不知其餘曹也。晉西朝凡有吏曹、課第曹、直事曹、印曹、中都督曹、外都督曹、媒曹、符節曹、水曹、中壘曹〔一五〕、營軍曹、算曹、法曹，凡十三曹，而置御史九人。晉江左初，省課第曹，置庫曹，掌廄牧牛馬市租。後復分庫曹，置外左庫、内左庫二曹。宋太祖元嘉中，省外左庫，而内左庫直云左庫。世祖大明中，復置。廢帝景和元年又省〔一六〕。順帝初，省營軍併水曹，省算曹併法曹，吏曹不置御史，凡十御史焉。魏又有殿中侍御史二人，蓋是蘭臺遣二御史居殿内察非法也。晉西朝四人，江左二人。秦、漢有符節令，隸少府，領符璽郎、符節令史，蓋周禮典瑞、掌節之任也。漢至魏別爲一臺，位次御史中丞，掌授節、銅虎符、竹使符。晉武帝泰始九年，省并蘭臺，置符節御史掌其事焉〔一七〕。

謁者僕射，一人。掌大拜授及百官班次。領謁者十人。謁者掌小拜授及報章。蓋秦官也。謁，請也。應氏漢官曰，堯以試舜，賓于四門，是其職也。秦世謁者七十人，漢因之。後漢百官志，謁者僕射掌奉引。和帝世，陳郡何熙爲謁者僕射〔一八〕，贊拜殿中，音動左右。然則又掌唱贊〔一九〕。有常侍謁者五人，謁者則置三十五人，半減西京也。二漢並隸光禄勳。魏世置謁者十人。晉武帝省僕射，以謁者隸蘭臺。江左復置僕射，後又省。宋世祖大明中，復置。秩比千石。

都水使者，一人。掌舟航及運部。秦、漢有都水長、丞，主陂池灌溉，保守河渠，屬太常。漢東京省都水，置河隄謁者，魏因之。漢世水衡都尉主上林苑，魏世主天下水軍舟船器械。晉武帝省水衡，置都水使者，而河隄爲都水官屬。有參軍二人，謁者一人，令史減置無常員。晉西朝有參軍而無謁者，謁者則江左置也。懷帝永嘉六年，胡入洛陽，都水使者爰濬先出督運得免。然則武帝置職，便掌運矣。江左省河隄。

太子太傅，一人。丞一人。太子少傅，一人。丞一人。傅，古官也。文王世子曰：「凡三王教世子，太傅在前，少傅在後，並以輔導爲職。」漢高帝九年，以叔孫通爲太子太傅，位次太常。二漢並無丞。魏世無東宫，然則晉氏置丞也。晉武帝泰始五年，詔太子拜太傅、少傅，如弟子事師之禮；二傅不得上疏曲敬。二傅並有功曹、主簿、五官。太傅中二千石，少傅二千石。

太子詹事，一人。丞一人。職比臺尚書令、領軍將軍。詹，省也。漢西京則太子門大夫、庶子、洗馬、舍人屬二傅，率更令、家令、僕、衛率屬詹事。皆秦官也。後漢省詹事，太子官屬悉屬少傅，而太傅不復領官屬。晉初太子官屬通屬二傅。咸寧元年，復置詹事，二傅不復領官屬。詹事二千石〔一〇〕。

家令，一人。丞一人。晉世置。漢世太子食湯沐邑十縣，家令主之。又主刑獄飲食，職比廷尉、司農、少府。漢東京主食官令。食官令，晉世自爲官，不復屬家令。

率更令，一人。主宫殿門户及賞罰事，職如光禄勳、衛尉。漢東京掌庶子、舍人，晉世則不也。自漢至晉，家令在率更下；宋則居上。

僕，一人。漢世太子五日一朝，非入朝日，遣僕及中允旦入請問起居，主車馬、親族，職如太僕、宗正。自家令至僕，爲太子三卿。三卿秩千石。

門大夫，二人。漢東京置，職如中郎將，分掌遠近表牋。秩六百石。

中庶子，四人。職如侍中。漢東京員五人，晉減爲四人。秩六百石。

中舍人，四人。漢東京太子官屬有中允之職，在中庶子下，洗馬上，疑若今中書舍人矣。中舍人，晉初置，職如黄門侍郎。

食官令，一人。職如太官令。漢東京官也。今屬中庶子。

庶子四人，職比散騎常侍、中書監令。晉制也。漢西京員五人，漢東京無員，職如三署中郎。古者諸侯世禄，卿大夫之子即爲副倅，謂之國子，天子諸侯子必有庶子之官，以掌教之〔二〕，秦因其名也。秩四百石。

舍人，十六人。職如散騎、中書侍郎。晉制也。二漢無員，掌宿衛如三署中郎。

洗馬，八人。職如謁者、祕書郎也〔三〕。二漢員十六人。太子出，則當直者前驅導威儀。秩比六百石。

太子左衛率，七人。太子右衛率，二人。二率職如二衛〔三〕。秦時直云衛率，漢因之，主門衛。晉初曰中衛率，泰始分爲左右，各領一軍。惠帝時，愍懷太子在東宫，加置前後二率。成都王穎爲太弟，又置中衛，是爲五率。江左初，省前後二率。孝武太元中又置。

皆有丞，晉初置。宋世止置左右二率。秩舊四百石。

太子屯騎校尉。太子步兵校尉。太子翊軍校尉。三校尉各七人，並宋初置。屯騎、步兵，因臺校尉；翊軍，晉武帝太康初置，始爲臺校尉，而以唐彬居之，江左省。

太子冗從僕射，七人。宋初置。

太子旅賁中郎將，十人。職如虎賁中郎將。宋初置。周官有旅賁氏。漢制，天子有虎賁，王侯有旅賁。旅，衆也。

太子左積弩將軍，十人。太子右積弩將軍，二人。漢東京積弩將軍，雜號也，無左右之積弩。魏世至晉江左，左右積弩爲臺職，領營兵。宋世度東宮，無復營矣。

殿中將軍，十人。殿中員外將軍，二十人。宋初置。

平越中郎將，晉武帝置，治廣州，主護南越〔二四〕。

南蠻校尉，晉武帝置，治襄陽。江左初省。尋又置，治江陵。宋世祖孝建中省。

西戎校尉，晉初置，治長安〔二五〕。安帝義熙中又置，治漢中〔二六〕。

寧蠻校尉，晉安帝置，治襄陽，以授魯宗之〔二七〕。

南夷校尉，晉武帝置，治寧州。江左改曰鎮蠻校尉。四夷中郎校尉，皆有長史、司馬、參軍。魏、晉有雜號護軍，如將軍，今猶有鎮蠻、安遠等護軍。鎮蠻以加廬江、晉熙、西陽太守。安遠以加武陵内史。

刺史，每州各一人。黄帝立四監以治萬國，唐、虞世十二牧，是其職也。周改曰興〔二八〕，秦曰監御史，而更遣丞相史分刺諸州，謂之刺史。刺之爲言猶參覘也。寫書亦謂之刺。漢制不得刺尚書事是也。刺史班行六條詔書，其一條曰，彊宗豪右，田宅踰制，以彊陵弱，以衆暴寡；其二條曰，二千石不奉詔書，遵承典制，背公向私，旁詔守利，侵漁百姓，聚斂爲姦；其三條曰，二千石不恤疑獄，風厲殺人，怒則加罰，喜則任賞，煩擾苛暴，剥戮黎元，爲百姓所疾，山崩石裂，妖祥譌言；其四條曰，二千石選署不平，苟阿所愛，蔽賢寵頑；其五條曰，二千石子弟恃怙榮勢，請託所監；其六條曰，二千石違公下比，阿附豪彊，通行貨賂，割損正令。歲終則乘傳詣京師奏事。成帝綏和元年，改爲牧。哀帝建平二年，復爲刺史。前漢世，刺史乘傳周行郡國，無適所治。後漢世，所治始有定處，止八月行部，不復奏事京師。晉江左猶行郡縣詔〔二九〕，棗據追遠詩曰「先君爲鉅鹿太守，迄今三紀。忝私爲冀州刺史，班詔次于郡傳」是也。靈帝世，天下漸亂，豪桀各據有州郡，而劉焉、劉虞並自九卿出爲益州、幽州牧，其任漸重矣。官屬有别駕從事史一人，從刺史行部；治中從事史一人，主財穀簿書；兵曹從事史一人，主兵事；部從事史每郡各一人，主察非法；主簿一人，録閤下衆事，省署文書；門亭長一人，主州正門；功曹書佐一人，主選用；孝經師一人，主試經；月令師一人，主時節祠祀；律令師一人，平律；簿曹書佐一人，主簿書；典郡書佐每郡各一人，主一郡文書：漢制也。今有别駕從事史、治中從事史、主簿、西曹書佐、祭酒從事史、議曹從事史、部郡從事史，自主簿以下，置人多少，各隨州，舊無定制也。晉成帝咸康中，江州又有别駕祭酒，居僚職之上，而别駕從事史如故，今則無也。别駕、西曹主吏及選舉事，治中主衆曹文書事。西曹，即漢之功曹書佐也。祭酒分掌諸曹兵、賊、倉、户、水、鎧之屬。揚州無祭酒，而主簿治事。荆州有從事史，在議曹從事史下，大較應是魏、晉以來置也。今廣州、徐州有月令從事，若諸州之曹史，漢舊名也。漢武元封四年，令諸州歲各舉秀才一人。後漢避光武諱，改茂才。魏復曰秀才。晉江左揚州歲舉二人，諸州舉一人，或三歲一人，隨州大小，並對策問。晉東海王越爲豫州牧，牧置長史、參軍，庾敳爲長史〔三〇〕，謝鯤爲參軍，此爲牧者則無也。牧二千石，刺史六百石。

郡守，秦官。秦滅諸侯，隨以其地爲郡，置守、丞、尉各一人。守治民，丞佐之。郡當邊戍者，丞爲長史。晉江左皆謂之丞。尉典兵，備盗賊。漢景帝中二年，更名守曰太守，尉爲都尉。光武省都尉，後又往往置東部、西部都尉。有蠻夷者，又有屬國都尉。漢末及三國，多以諸部都尉爲郡。晉成帝咸康七年，又省諸郡丞。宋太祖元嘉四年，復置。郡官屬略如公府，無東西曹，有功曹史，主選舉，五官掾，主諸曹事，部縣有都郵、門亭長，又有主記史，催督期會，漢制也，今略如之。諸郡各有舊俗，諸曹名號，往往不同。漢武帝納董仲舒之言，元光元年，始令郡國舉孝廉，制郡口二十萬以上，歲察一人；四十萬以上，二人；六十萬，三人；八十萬，四人；百萬，五人；百二十萬，六人；不滿二十萬，二歲一人；不滿十萬，三歲一人。限以四科，一曰德行高妙，志節清白；二曰學通行修，經中博士；三曰明習法令，足以決疑，能案章覆問，文中御史；四曰剛毅多略，遭事不惑，明足決斷，材任三輔縣令。魏初，更制口十萬以上，歲一人，有秀異，不拘户口。江左以丹陽、吴、會稽、吴興並大郡，歲各舉二人。漢制歲遣上計掾史各一人，條上郡内衆事，謂之階簿，至今行之。太守二千石，丞六百石。

縣令、長，秦官也。大者爲令，小者爲長，侯國爲相。漢制，置丞一人，尉大縣二人，小縣一人。五家爲伍，伍長主之；二五爲什，什長主之；十什爲里，里魁主之；十里爲亭，亭長主之；十亭爲鄉，鄉有鄉佐、三老、有秩、嗇夫、游徼各一人。鄉佐、有秩主賦税，三老主教化，嗇夫主爭訟，游徼主姦非。其餘諸曹，略同郡職。以五官爲廷掾，後則無復丞，唯建康有獄丞，其餘衆職，或此縣有而彼縣無，各有舊俗，無定制也。晉江右洛陽縣置六部都尉，餘大縣置二人，次縣、小縣各一人。宋太祖元嘉十五年，縣小者又省之。

諸官府至郡，各置五百者，舊說古君行師從，卿行旅從。旅，五百人也。今縣令以上，古之諸侯，故立四五百以象師從旅從，依古義也。韋曜曰，五百字本爲伍伯。伍，當也。伯，道也。使之導引當道伯中以驅除也。周制五百爲旅，帥皆大夫，不得卑之如此說也。又周禮秋官有條狼氏，掌執鞭以趨辟，王出入則八人夾道，公則六人，侯伯則四人，子男則二人，近之矣，名之異爾。又漢官中有伯使，主爲諸官驅使辟路於道伯中，故言伯使，此其比也。縣令千石至六百石，長五百石。

漢初王國置太傅，掌輔導；內史主治民；丞相統衆官；中尉掌武職。分官置職，略同京師。至景帝懲七國之亂，更制諸王不得治國，漢爲置吏，改丞相曰相，省御史大夫、廷尉、少府、宗正、博士官，其大夫、謁者、諸官長丞，皆損其員數。後改漢內史爲京兆尹，中尉爲執金吾，郎中令爲光祿勳，而王國如故，又太僕爲僕，司農爲大農。成帝更令相治民如郡太守，省內史。其中尉如郡尉，太傅但曰傅。漢東京亦置傅一人，王師事之；相一人，主治民；中尉一人，主盜賊；郎中令一人，掌郎中宿衛；僕一人；治書一人，治書本曰尚書，後更名治書；中大夫，無員，掌奉使京師及諸國；謁者及禮樂、衛士、醫工、永巷、祀禮長各一人[三]；郎中，無員。魏氏謁者官屬，史闕不知次第。晉武帝初置師、友、文學各一人。師即傅也，景帝諱師，改爲傅。宋世復改曰師。其文學，前漢已置也。友者因文王、仲尼四友之名也。改太守爲内史，省相及僕。有郎中令、中尉、大農爲三卿。大國置左右常侍各三人，省郎中，置侍郎二人。大國又置上軍、中軍、下軍三將軍；次國上軍將軍、下軍將軍各一人；小國上軍而已。典書、典祠、典衞、學官令、典書令丞各一人，治書四人，中尉、司馬、世子庶子陵廟、牧長各一人，謁者四人，中大夫六人，舍人十人，典醫丞、典府丞各一人。宋氏以來，一用晉制，雖大小國，皆有三軍。晉制，典書令在常侍下，侍郎上；江左則侍郎次常侍，而典書令居三軍下矣。江左以來，公國則無中尉、常侍、三軍，侯國又無大農、侍郎，伯子男唯典書以下，又無學官令矣。吏職皆以次損省焉。晉江右公侯以下置官屬，隨國小大，無定制也。晉江左諸國，並三分食一。元帝太興元年，始制九分食一。

太傅。太保。太宰。

太尉。司徒。司空。

大司馬。大將軍。

諸位從公。

右第一品

特進。
驃騎，車騎，衞將軍。
諸大將軍。
諸持節都督。
右第二品
侍中，散騎常侍。
尚書令，僕射，尚書。
中書監，令。祕書監。
諸征、鎮至龍驤將軍。
光禄大夫。
諸卿，尹。
太子二傅。
大長秋。
太子詹事。
領、護軍。

縣侯。

右第三品

二衞至五校尉。

寧朔至五威、五武將軍。

四中郎將。

刺史領兵者。

戎蠻校尉。

御史中丞。都水使者。

鄉侯。

右第四品

給事中。黄門、散騎、中書侍郎。

謁者僕射。

三將，積射、彊弩將軍。

太子中庶子，庶子，三卿，率。

鷹揚至陵江將軍。

刺史不領兵者。
郡國太守，内史，相。
亭侯。

右第五品

尚書丞，郎。
治書侍御史，侍御史。
三都尉。
博士。
撫軍以上及持節都督領護長史，司馬。
公府從事中郎將〔三三〕。
廷尉正，監，評。
祕書著作丞，郎。
王國公三卿，師，友，文學。
諸縣署令千石者。
太子門大夫。

殿中將軍，司馬督。
雜號護軍。
關内侯。

右第六品

謁者。
殿中監。
諸卿尹丞。
太子傅詹事率丞。
諸軍長史、司馬六百石者。
諸府參軍。
戎蠻府長史，司馬。
公府掾，屬。
太子洗馬，舍人，食官令。
諸縣令六百石者。

右第七品

內臺正令史。
郡丞。
諸縣署長。
雜號宣威將軍以下。
右第八品
內臺書令史。
外臺正令史。
諸縣署丞，尉。
右第九品。凡新置不見此諸條者，隨秩位所視，蓋□□右所定也〔三〕。

校勘記

〔二〕與侍中俱掌門下衆事　「門下」二字原闕，據類聚卷四八引沈約宋書、晉書卷二四職官志、通典卷二一職官三補。

〔三〕郊廟臨軒則一人執麾　按類聚卷四八引沈約宋書作「有事郊廟則一人持蓋」。通典卷二一職官三作「郊廟則一人執蓋，臨軒朝會則一人執麾」。疑此有脱文。

〔三〕則引王就坐　「就坐」，原作「朝坐」，據局本、續漢書百官志三、通典卷二一職官三改。

〔四〕秩六百石　「秩」，原作一字空格，據三朝本、南監本、北監本、汲本、殿本、局本、職官分紀卷六引宋百官志補。

〔五〕中書監一人　「中書監」，原作「中書舍人」，據晉書卷二四職官志改正。李慈銘札記：「『中書舍人一人』，當據晉志改作『中書監一人』。今各本皆誤。六朝止有中書通事舍人，無單稱中書舍人者，晉宋兩志所敍皆甚明。史有徑曰中書舍人者，省文耳。至中書有令有監，自魏文帝始置，並筦機密。至晉彌重，權在尚書令上。故荀勗自中書監遷尚書令，以爲奪我鳳皇池也。東渡以後，任專尚書，於是中書監令或止設一人。至宋世而中書監或特以爲重臣之加官。」

〔六〕漢武帝游宴後廷　「宴」字原闕，據晉書卷二四職官志、唐六典卷九注文、通典卷二一職官三補。

〔七〕罷僕射　「僕射」，原作「謁者」，據晉書卷二四職官志改。

〔八〕後欲以何楨爲祕書丞而祕書先自有丞乃以楨爲祕書右丞　上二「楨」字，原作「禎」，南監本、北監本、汲本、殿本、局本作「禎」。下二「楨」字，原作「禎」。按三國志卷一一魏書管寧傳注引文士傳：「楨字元榦，廬江人，有文學器幹。」據楨字元榦，則字當作「楨」。今改正。

〔九〕有天禄石渠蘭臺石室延閣廣内之府是也　「天禄」，原作「天府」，據御覽卷二三三引沈約宋書百官志、職官分紀卷一六引沈約宋書百官志改。按後漢書卷四〇上班彪傳上李賢注引三輔故事：「天禄石渠並閣名，在未央宮北，以閣祕書。」

〔一〇〕于時復爲都尉矣　「復」字原闕，據局本、通典卷三四職官一六補。

〔一一〕領軍不復別置營　「置」字原闕，晉書卷二四職官志、册府卷三四〇作「領」，據通典卷三四職官一六補。

〔一二〕總統二衞驍騎材官諸營護軍猶別有營也　「營護」二字原闕，據晉書卷二四職官志、通典卷三四職官一六補。

〔一三〕御史中丞一人　「中」字原闕，據續漢書百官志三、晉書卷二四職官志補。

〔一四〕秦時御史大夫有二丞　「秦」字原闕，據晉書卷二四職官志補。

〔一五〕中壘曹　原作「中堅曹」，據晉書卷二四職官志、唐六典卷一三注文、通典卷二四職官六注文改。

〔一六〕廢帝景和元年又省　「省」，原作「置」，據唐六典卷一三注文、册府卷五一二注文改。

〔一七〕置符節御史掌其事焉　「置」，原作「署」，據晉書卷二四職官志、唐六典卷八、通典卷二一職官三改。

〔一八〕陳郡何熙爲謁者僕射　「何熙」，原作「向熙」，據後漢書卷四七梁慬傳附何熙傳改。

〔一九〕然則又掌唱贊　「掌唱贊」三字原闕，據通典卷二一職官三補。

〔二〇〕詹事二千石　「二千石」，原作「一千石」，據職官分紀卷二七引宋百官志改。按漢書卷一九上百官公卿表上、類聚卷四九引應劭漢官儀並作「二千石」。

〔二一〕古者諸侯世祿卿大夫之子即爲副倅謂之國子天子諸侯子必有庶子之官以掌教之　「祿卿大夫之子即爲副倅謂之國子天子諸侯」、「必」及「以掌教之」二十三字原闕，據類聚卷四九引沈約宋書、御覽卷二四五引沈約宋書補。

〔二二〕祕書郎也　「郎」，原作「制」，據南監本、北監本、殿本、局本、通典卷三〇職官一二改。

〔二三〕二率職如二衞　上一「二」字，原作「五」，據南監本、局本改。下一「二」字，原作「三」，據南監本、殿本、局本改。

〔二四〕主護南越　「護」字原闕，據晉書卷二四職官志、通典卷二九職官一一補。

〔二五〕晉初置治長安　「治長安」，原作「長史」，據局本訂正。按通典卷三四職官一六云：「晉武帝於長安置之。」

〔二六〕治漢中　「漢」字原闕，據局本、通典卷三四職官一六補。

〔二七〕晉安帝置治襄陽以授魯宗之　「安帝」，原作「武帝」，據晉書卷二四職官志、御覽卷二四二引沈約宋書改。按魯宗之，東晉安帝時人，作「安帝」是。

〔二八〕周改曰興　「興」，南監本、北監本、殿本、局本作「典」。按孫虨考論卷二：「句疑訛，『典』當作『伯』。」

〔二九〕晉江左猶行郡縣詔　據下彙據追遠詩敍「班詔次于郡傳」語，疑「郡縣」下脱「班」字。

〔三〇〕庾敳爲長史　「庾敳」，原作「庾凱」，據晉書卷五〇庾峻傳附庾敳傳改。

〔三一〕謁者及禮樂衞士醫工永巷祀禮長各一人　「謁」字原闕，據通典卷三一職官一三補。

〔三二〕公府從事中郎將　按上卷云公府僚佐有從事中郎，不云有從事中郎將。疑「將」字衍。

〔三三〕蓋□□右所定也　「蓋」字下空闕二字，按岳珂愧郯録卷一〇人品明證條云：「宋書志所載九品，明指言晉江右所定。」則所闕似即爲「晉江」二字。

宋書卷四十一

列傳第一

后妃

帝祖母號太皇太后，母號皇太后，妃號皇后，漢舊制也。

晉武帝採漢、魏之制，置貴嬪、夫人、貴人，是爲三夫人，位視三公。淑妃、淑媛、淑儀、脩華、脩容、脩儀、婕妤、容華、充華，是爲九嬪，位視九卿。其餘有美人、才人、中才人〔一〕，爵視千石以下。高祖受命，省二才人，其餘仍用晉制。貴嬪，魏文帝所制。夫人，魏武帝初建魏國所制。貴人，漢光武所制。淑妃，魏明帝所制。淑媛，魏文帝所制。淑儀、脩華，晉武帝所制。脩容，魏文帝所制。脩儀，魏明帝所制。婕妤、容華，前漢舊號。充華，晉武帝所制。美人，漢光武所制。世祖孝建三年，省夫人、脩華、脩容，置貴妃，位比相國，進貴嬪，位比丞相，貴人位比三司，以爲三夫人。又置昭儀、昭容、昭華，以代脩華、脩儀、脩容。又置中才人、充衣，以爲散位〔二〕。昭儀，漢元帝所制。昭容，世祖所制。昭華，魏明帝所制。中才人，晉武帝所制。充衣，前漢舊制。太宗泰始元年〔三〕，省淑妃、昭華、中才人、充衣，復置脩華、脩儀、脩容、才人、良人〔四〕。三年，又省貴人，置貴姬，以備三夫人之數。又置昭華，增淑容、承徽、列榮。以淑媛、淑儀、淑容、昭華、昭儀、昭容、脩華、脩儀、脩容爲九嬪。婕妤、容華、充華、承徽、列榮凡五職，班亞九嬪。美人、中才人、才人三職爲散役〔五〕。其後太宗留心後房，擬外百官，備位置内職。列其名品于後。

後宫通尹，準録尚書。

紫極户主。

光興户主。

官品第一各置一人，並銓六宮。

後宮列敍，準尚書令，銓六宮。

紫極中監尹，銓六宮。

光興中監尹，銓六宮。

宣融户主，銓六宮。

紫極房帥，置一人。

光興房帥，置一人。

官品第二各置一人。

後宮司儀，準左僕射，銓人士。

後宮司政，準右僕射，銓人士。

參議女林，準銀青光禄，銓人士。

中臺侍御尹，銓六宮。

宣融便殿中監尹，銓六宮。

采菽房主，銓六宮。

南房主，銓六宮。

中藏女典，銓六宮。
典坊，銓六宮。
樂正，銓六宮。
内保，銓人士。
學林祭酒，銓人士。
昭陽房帥，置一人。
徽音房帥，置一人。
宣融房帥，置一人。

官品第三各置一人。

後宮都掌治職，置二人。準左右丞，位比尚書，銓人士。
後宮殿中治職，置一人。準左民尚書，銓人士。
後宮源典治職，置一人。準祠部尚書，銓人士。
後宮穀帛治職，置一人。準度支尚書。
中傅，置一人。銓人士。
後宮校事女史，置一人。銓人士。

紫極中監女史，置一人。銓人士。
光興中監女史，置一人。銓人士。
紫極房參事，置人無定數。銓人士。有限外。
宣融房參事，置人無定數。銓人士。有限外。
中臺侍御奏案女史，置一人。銓人士。
贊樂女史，置一人。銓人士。
中訓女史，置一人。銓人士。
女祝史，置一人。
紫極中監典，置一人。
光興中監典，置一人。
典樂帥，置人無定數。有限外。
紫極房廉帥祭酒，置一人。
光興房廉帥祭酒，置一人。
宣融房廉帥祭酒，置一人。

官品第四

後宮通關參事，置一人。
景德房參事，置人無定數。銓人士。
采薪房參事，置人無定數。銓人士。
南房參事，置人無定數。銓人士。
内房參事，置一人〔六〕。銓人士。
校學女史，置一人。銓人士。
後宮中房帥，置二人。
後宮源典帥，置二人。
後宮穀帛帥，置二人。
中臺帥，置一人。
中臺侍御起居帥，置二人。
中臺侍御詔誥帥，置二人。
斯男房帥，置一人。
宣豫房帥，置一人。
景德房帥，置一人。

采蓺房帥，置一人。
中藏帥，置一人。
内坊帥，置一人。
南房帥，置一人。
外華房帥，置一人。
招慶房帥，置一人。
紫極諸房廉帥，置人無定數。有限外。
紫極中監省帥，置一人。
紫極殿帥，置六人。
光興殿帥，置四人。
徽音監帥，置一人。
徽章監帥，置一人。
宣融便殿中監典，置一人。
清商帥，置人無定數。
總章帥，置人無定數。

左西章帥，置人無定數。
右西章帥，置人無定數。
中廚帥，置一人。

官品第五

中臺侍御執衞，置人無定數。
中臺侍御監閨帥，置二人。
中臺侍御監司帥，置二人。
宣融便殿帥，置一人。
永巷帥，置一人。
後宮都掌内史，置二人。
後宮殿中内史，置一人。
後宮源典内史，置一人。
後宮穀帛内史，置二人。
後宮監臨内史，置二人。
中臺侍御執法内史，置一人。

中臺侍御典内史，置二人。
中臺侍御節度内史，置二人。
中臺侍御應内史，置六人。
紫極房内史，置一人。
光興房内史，置一人。
助教，置一人。
綵製帥，置人無定數。
裝飾帥，置人無定數。
繡帥，置人無定數。
織帥，置人無定數。
學林館帥，置一人。
宫闈帥，置一人。
教堂帥，置人無定數。有限外。
監解帥，置人無定數。
累室帥，置人無定數。

行病帥，置人無定數。

官品第六

合堂帥，置二人。

御清帥，置一人。

監夜帥，置一人。

諸房禁防，置人無定數。

三廂禁防，置三人。

諸房廚帥，各置一人。

中廚廉，置三人。

應閨，置六人。

諸應閤，置人無定數。

宮閨史，置一人。

官品第七

諸房中掾，各置一人。

中藏掾，各置二人。

比五品敕吏

紫極供殿直倀。

光興供殿直倀。

總章伎倀。

侍御扶侍。

主衣。

準二衞五品，敕吏比六品。

供殿左右。紫極置二十人。光興置十人。

左右守藏，置四人。

典樂人。

比諸房禁防

作倀。

比王官

供殿給使。紫極置二十人。光興置十人。

典殿，置人無定數。

比官人

紫極三廂給事，置十人。

全堂給使，置五人。

宮閨給使，置六人。

比房〔七〕

孝穆趙皇后諱安宗〔八〕，下邳僮人也。祖彪字世範，治書侍御史。父裔字彥胄，平原太守。

后以晉穆帝升平四年嬪孝皇，晉哀帝興寧元年四月二日生高祖〔九〕。其日，后以產疾殂于丹徒官舍，時年二十一。葬晉陵丹徒縣東鄉練壁里雩山。宋初追崇號諡，陵曰興寧。

永初二年，有司奏曰：「大孝之德，盛於榮親。一人有慶，光被萬國。是以靈文寵於西京，壽張顯於隆漢。故平原太守趙裔、故洮陽令蕭卓，並外屬尊戚，不逮休寵。臣等仰述聖思，遠稽舊章，並可追贈光祿大夫，加金章紫綬。裔命婦孫可豫章郡建昌縣君，卓命婦趙可吴郡壽昌縣君。」孫氏，東莞人也。其年，又詔曰：「推恩之禮，在情所同。故内樹宗子，外崇后屬，爰自漢、魏，咸遵斯典。外祖趙光禄、蕭光禄，名器雖隆，茅土未建，並宜追封開國縣侯，食邑五百户。」於是追封裔臨賀縣侯。裔長子宣之，仕至江乘令。蚤卒，無子，以弟孫襲之繼宣之紹封。襲之卒，子祖憐嗣。齊受禪，國除。宣之弟倫之，自有傳。

孝懿蕭皇后諱文壽，蘭陵蘭陵人也。祖亮字保祚，侍御史。父卓字子略，洮陽令。孝穆后殂，孝皇帝娉后爲繼室，生長沙景王道憐、臨川烈武王道規。義熙七年，拜豫章公太夫人。高祖爲宋王，又加太妃之號。高祖以十二年北伐，仍停彭城、壽陽，至元熙二年入朝，因受晉禪，在外凡五年，后常留東府。高祖踐阼，有司奏曰：「臣聞道積者慶流，德洽者禮備。故祇敬表於崇高，嘉號彰於盛典。伏惟太妃母儀之德，化穆不言，保翼之訓，光被洪業。雖幽明同慶，而稱謂未窮。稽之前代，禮有恒準，宜式遵舊章，允副羣望。臣等請上宋王太后號皇太后〔一〇〕。」故有司奏猶稱太妃也。

上以恭孝爲行，奉太后素謹，及即大位，春秋已高，每旦入朝太后，未嘗失時刻。少帝即位，加崇曰太皇太后。景平元年，崩于顯陽殿，時年八十一。遺令曰：「孝皇背世五十餘年，古不祔葬。且漢世帝后陵皆異處，今可於塋域之內別爲一壙。孝皇陵墳本用素門之禮，與王者制度奢儉不同，婦人禮有所從，可一遵往式。」乃開別壙，與興寧陵合墳。初，高祖微時，貧約過甚，孝皇之殂，葬禮多闕，高祖遺旨，太后百歲後不須祔葬。至是故稱后遺旨施行。

卓初與趙裔俱贈金紫光祿大夫，又追封封陽縣侯，妻下邳趙氏封吳郡壽昌縣君。卓子源之襲爵，源之見子思話傳。

武敬臧皇后諱愛親，東莞人也。祖汪字山甫，尚書郎。父儁字宣乂〔一〕，郡功曹。后適高祖，生會稽宣長公主興弟。高祖以儉正率下，后恭謹不違。及高祖興復晉室，居上相之重，而后器服麤素，不爲親屬請謁。義熙四年正月甲午〔二〕，殂於東城，時年四十八，追贈豫章公夫人，還葬丹徒。高祖臨崩，遺詔留葬京師，於是備法駕，迎梓宮祔葬初寧陵。

宋初追贈儁金紫光祿大夫，妻高密叔孫氏封遷陵永平鄉君〔三〕。儁子燾，燾弟熹，熹子質，自有傳。

武帝張夫人諱闕，不知何郡縣人也。義熙初，得幸高祖，生少帝，又生義興恭長公主惠媛。永初元年，拜爲夫人。少帝即位，有司奏曰：「臣聞嚴親敬始，所因者本，克孝之道，由中被外。伏惟夫人德並坤元，徽音光劭，發祥兆慶，誕啓聖明。宜崇極徽號，允備盛則。從春秋母以子貴之義，遵漢、晉推愛之典，謹上尊號爲皇太后，宫曰永樂。」少帝既廢，太后還璽紱，隨居吴縣。太祖元嘉元年，拜營陽王太妃。三年，薨。

少帝司馬皇后諱茂英〔一四〕，河内温人，晉恭帝女也。初封海鹽公主，少帝以公子尚焉。宋初，拜皇太子妃。少帝即位，立爲皇后。元嘉元年，降爲營陽王妃，又爲南豐王太妃。十六年薨，時年四十七〔一五〕。

武帝胡婕妤諱道安〔一六〕，淮南人。義熙初，爲高祖所納，生文帝。五年，被譴賜死，時年四十二。葬丹徒。高祖踐阼，追贈婕妤。

太祖即位，有司奏曰：「臣聞德厚者禮尊，慶深者位極。故閟宮既構，咏歌先妣；園陵崇衞，聿追來孝。伏惟先婕妤柔明塞淵，光備六列，德昭巛範，訓洽母儀。用能啓祚聖明，奄宅四海。嚴親莫逮，天祿永違。臣等遠準春秋，近稽漢、晉。謹上尊號曰章皇太后，陵曰熙寧。」立廟於京師。

太后兄子元慶，位至奉朝請。

文帝袁皇后諱齊嬀，陳郡陽夏人，左光祿大夫敬公湛之庶女也。母本卑賤，后年五六歲，方見舉。後適太祖，初拜宜都王妃。生子劭、東陽獻公主英娥。上待后恩禮甚篤，袁氏貧薄，后每就上求錢帛以贍與之，上性節儉，所得不過三五萬、三五十匹。後潘淑妃有寵，愛傾後宮，咸言所求無不得，后聞之，欲知信否，乃因潘求三十萬錢與家，以觀上意，信宿便得〔一七〕。因此恚恨甚深，稱疾不復見上。上每入，必他處回避。上數掩伺之，不能得。始興王濬諸庶子問訊，后未嘗視也。后遂憤恚成疾。元嘉十七年，疾篤，上執手流涕問所欲言〔一八〕，后視上良久，乃引被覆面。崩于顯陽殿，時年三十六。上甚相悼痛，詔前永嘉太守顏延之爲哀策，文甚麗。其辭曰：

龍輁纚紼，容翟結驂。皇塗昭列，神路幽嚴。皇帝親臨祖饋，躬瞻宵載。飾遺儀於組旒，想徂音乎珩珮。悲黼筵之移御，痛翬褕之重晦。降輿客位，撤奠殯階。乃命史臣，誄德述懷。其辭曰：

倫昭儷昇，有物有憑。圓精初鑠，方祇始凝。昭哉世族，祥發慶膺。祕儀景胄，圖光玉繩。昌輝在陰，柔明將進。率禮蹈和，稱詩納順。爰自待年，金聲夙振。亦既有行，素章增絢。

象服是加，言觀惟則。俾我王風，始基嬪德。蕙問川流，芳猷淵塞。方江泳漢，再謠南國。伊昔不造，洪化中微。用集寶命，仰陟天機。釋位公宮，登耀紫闈。欽若皇姑，允迪前徽。孝達寧親，敬行宗祀。進思才淑，傍綜圖史。發音在咏，動容成紀。壼政穆宣，房樂昭理〔一九〕。坤則順成，星軒潤飾。德之所屆，惟深必測。下節震騰，上清朓側。有來斯雍，無思不極。謂道輔仁，司化莫晰。

象物方臻，眡祲告沴。太和既融，收華委世。蘭殿長陰，椒塗弛衛。嗚呼哀哉！

戒涼在肂〔二〇〕，杪秋即穸。霜夜流唱，曉月升魄。八神警引〔二一〕，五輅遷迹。噭噭儲嗣，哀哀列辟。灑零玉墀，雨泗丹掖，撫存悼亡，感今懷昔。嗚呼哀哉！

南背國門，北首山園。僕人案節，服馬顧轅。遥酸紫蓋，眇泣素軒。滅綵清都，夷體壽原。邑野淪藹，戎夏悲嚾。來芳可述，往駕弗援。嗚呼哀哉！

策既奏，上自益「撫存悼亡，感今懷昔」八字，以致其意焉。有司奏謚宣皇后，上特詔曰「元」。

初，后生劭，自詳視之，馳白太祖：「此兒形皃異常，必破國亡家，不可舉。」便欲殺之。太祖狼狽至后殿户外，手撥幔禁之，乃止。

后亡後，常有小小靈應。沈美人者，太宗所幸也〔一二〕。嘗以非罪見責，應賜死。從后昔所住徽音殿前度。此殿有五間，自后崩後常閉。美人至殿前，流涕大言曰：「今日無罪就死，先后若有靈，當知之！」殿諸窗户應聲豁然開。職掌遽白太祖，太祖驚往視之，美人乃得釋。

大明五年，世祖詔曰：「昔漢道既靈，博平煇絶，魏國方安，嘉憲啓策，皆因心所弘，酌典沿誥。亡外祖親王夫人柔德淑範，光啓坤載。屬内位闕正，攝饋閨庭，儀被芳闈，問宣戚里。永言感遠，思追榮秩，宜式傍鴻則，敬登徽序。」乃追贈豫章郡新淦縣平樂鄉君。后之所生母也。又詔：「趙、蕭、臧光禄、袁敬公、平樂鄉君墓〔一三〕，先未給塋户。加世數已遠，胤嗣衰陵。外戚尊屬，不宜使墳塋蕪穢。可各給鑾户三，以供灑埽。」

后父湛，自有傳〔二四〕。

文帝路淑媛諱惠男，丹陽建康人也。以色貌選入後宫，生孝武帝，拜爲淑媛。年既長，無寵，常隨世祖出蕃。世祖入討元凶，淑媛留尋陽。上即位，遣建平王宏奉迎。有司奏曰：「臣聞曆集周邦，徽音克嗣〔二五〕，氣淳漢國，沙麓發祥。昔在上代，業隆祚遠，未有不敷陰教以闡洪基，膺淑慶以載聖哲者也。伏惟淑媛柔明内昭，徽儀外範，合靈初迪，則庶姬仰燿；引訓蕃闈，則家邦被德。民應惟和，神屬惟祉，故能誕鍾睿躬，用集大命，固靈根於既殞，融盛烈乎中興。載厚化深，聲詠允緝，宜式諧舊典，恭享極號。謹奉尊號曰皇太后〔二六〕，宫曰崇憲。」太后居顯陽殿。

上於閨房之内，禮敬甚寡，有所御幸，或留止太后房内，故民間諠然，咸有醜聲。宫掖事祕，莫能辨也。

孝建二年，追贈太后父興之散騎常侍，興之妻徐氏餘杭縣廣昌鄉君。大明四年，太后弟子撫軍參軍瓊之上表曰：「先臣故懷安令道慶賦命乖辰，自違明世。敢緣衞戍請名之典，特乞雲雨，微垂灑潤。」詔付門下。有司承旨奏贈給事中。瓊之及弟休之、茂之並超顯職。太后頗豫政事，賜與瓊之等財物，家累千金，居處服器，與帝子相侔。瓊之宅與太常王僧達並門。嘗盛車服衛從造僧達，僧達不爲之禮。瓊之以訴太后，太后大怒，告上曰：「我尚在，而人皆陵我家，死後乞食矣。」欲罪僧達。上曰：「瓊之年少，自不宜輕造詣。王僧達貴公子，豈可以此事加罪。」

大明五年，太后隨上巡南豫州〔二七〕，妃主以下並從。廢帝即位，號太皇太后。太宗踐阼，號崇憲太后。初太宗少失所生，爲太后所攝養，世祖盡心祇事〔二八〕，而太后撫愛亦篤。及上即位，供奉禮儀，不異舊日。有司奏曰：「夫德敷於内，典章必遠；化覃于外，徽號宜宣。伏惟皇太后懿聖自天，母儀允著，義明八遠，道變九圍。聖明登御，景胙攸改，皇太后宜即前號，别居外宫。」詔曰：「朕備丁艱罰，蚤嬰孤苦，特蒙崇憲太后聖訓撫育。昔在藩闈，常奉藥膳，中迫凶威，抱懷莫遂。今泰運初啓，情典獲申，方欲親奉晨昏，盡歡閨禁。不得如所奏。」尋崩，時年五十五。遷殯東宫，門題曰崇憲宫。上又詔曰：「朕幼集荼蓼，夙憑德訓，龕虣定業，寔資仁範，恩著屯夷，有兼常慕。夫禮沿情施，義循事立，可特齊衰三月，以申追仰之心。」謚曰昭皇太后，葬世祖陵東南，號曰脩寧陵。

先是晉安王子勛未平，巫者謂宜開昭太后陵以爲厭勝。脩復倉卒，不得如禮。上性忌，慮將來致災。泰始四年夏，詔有司曰：「崇憲昭太后脩寧陵地，大明之世，久所考卜。前歲遭諸蕃之難，禮從權宜。奉營倉卒，未暇營改。而塋隧之所，山原卑陋。頃年頹壞，日有滋甚，恒費修整，終無永固。且詳考地形，殊乖相勢。朕蚤蒙慈遇，情禮兼常，思使終始之義，載彰幽顯。史官可就巖山左右，更宅吉地。明審龜筮，須選令辰，式遵舊典，以禮栫制。今中寓雖寧，邊虜未息，營就之功，務在從簡。舉言尋悲，情如切割。」有司奏：「北疆未緝，戎役是務，禮之詳略，各沿時宜。臣等參議，脩寧陵玄宮補治毀壞，權施油殿，暫出梓宫，事畢即窆，於事爲允。」詔可。

瓊之爲衡陽内史，先后卒。廢帝景和中，以休之爲黄門侍郎，茂之左軍將軍，並封開國縣侯，邑千户。又追贈興之侍中、金紫光禄大夫，謚曰孝侯；道慶散騎常侍、光禄大夫、開府儀同三司，謚曰敬侯。立道慶女爲皇后，以休之爲侍中，茂之黄門郎。太宗廢幼主，欲説太后之心，乃下令書曰：「太皇太后蚤垂愛遇，沿情即事，同於天屬。前車騎諮議參軍路休之、前丹陽丞路茂之，崇憲密戚，蚤延榮貫，並懷所動，宜殊恒飾。休之可黄門侍郎，領步兵校尉；茂之可中書侍郎。」太宗未即位，故稱令書。茂之又遷司徒從事中郎，休之桂陽王休範鎮北諮議參軍。太宗殺世祖諸子，因此陷休之等，宥其諸子。

孝武文穆王皇后諱憲嫄，琅邪臨沂人。元嘉二十年，拜武陵王妃。生廢帝、豫章王子尚、山陰公主楚玉、臨淮康哀公主楚佩、皇女楚琇、康樂公主脩明。世祖在蕃，后甚有寵。上入伐凶逆，后留尋陽，與太后同還京都，立爲皇后。

大明四年，后率六宮躬桑于西郊，皇太后觀禮。上下詔曰：「朕卜祥大昕，測辰拂羽，爰詔六宮，親蠶川室。皇太后降鑾從御，佇蹕觀禮。緑蘧既具，玄紞方脩，庶儀發椒，闈化動中。縣妃主以下，可量加班錫。」

廢帝即位，尊曰皇太后，宮曰永訓。其年，崩于含章殿，時年三十八。祔葬景寧陵〔二九〕。

后父偃，字子游，晉丞相導玄孫，尚書嘏之子也〔三〇〕。母晉孝武帝女鄱陽公主〔三一〕，宋受禪，封永成君。偃尚高祖第二女吳興長公主諱榮男，少歷顯官，黃門侍郎，祕書監，侍中。元嘉末，爲散騎常侍、右衞將軍。世祖即位，以后父，授金紫光禄大夫，領義陽王師，常侍如故。遷右光禄大夫，常侍、王師如故。偃謙虚恭謹，不以世事關懷。孝建二年卒〔三二〕，時年五十四。追贈開府儀同三司，本官如故，謚曰恭公。

長子藻，位至東陽太守。尚太祖第六女臨川長公主諱英媛。公主性妒，而藻別愛左右人吳崇祖，前廢帝景和中，主讒之於廢帝，藻坐下獄死，主與王氏離婚。泰始初，以主適豫章太守庾沖遠，未及成禮而沖遠卒。

宋世諸主，莫不嚴妒，太宗每疾之。湖熟令袁慆妻以妒忌賜死，使近臣虞通之撰妒婦記。左光祿大夫江湛孫斅當尚世祖女，上乃使人爲斅作表讓婚，曰：

伏承詔旨，當以臨汝公主降嬪〔三三〕，榮出望表，恩加典外。顧審輶蔽，伏用憂惶。臣寒門頓族，人凡質陋，閭閻有對，本隔天姻。如臣素流，室貧業寡，年近將冠，皆已有室，荆釵布帬，足得成禮。每不自解，無偶迄兹，媒訪莫尋〔三四〕，素族弗問。自惟門慶，屬降公主，天恩所覃，容及醜末。懷憂抱惕，慮不獲免，徵命所當，果膺兹舉。雖門泰宗榮，於臣非幸，仰緣聖貸，冒陳愚實。

自晉氏以來，配尚王姬者，雖累經美胄，亟有名才，至如王敦懾氣，桓溫斂威，真長佯愚以求免，子敬灸足以違詔，王偃無仲都之質，而倮露於北階，何瑀闕龍工之姿，而投軀於深井，謝莊殆自同於矇瞍〔三五〕，殷沖幾不免於彊鉏。彼數人者〔三六〕，非無才意，而勢屈於崇貴，事隔於聞覽，吞悲茹氣，無所逃訴。制勒甚於僕隸，防閑過於婢妾。往來出入，人理之常，當賓待客，朋從之義。而令掃轍息駕，無闚門之期；廢筵抽席，絶接對之理。非唯交友離異，乃亦兄弟疏闊。第令受酒肉之賜，制以動靜；監子荷錢帛之私，節其言笑。姆妳爭媚，相勸以嚴；妮媪競前，相諂以急。第令必凡庸下才，監子皆葭萌愚豎，議舉止則未閑是非，聽言語則謬於虚實。姆妳敢恃耆舊，唯贊妒忌，尼媪自倡多知，務檢口舌。其間又有應答問訊，卜筮師母，乃至殘餘飲食，詰辨與誰，衣被故敝，必責頭領。又出入之宜，繁省難衷，或進不獲前，或入不聽出。不入則嫌於欲疏，求出則疑有别意，召必以三晡爲期，遣必以日出爲限，夕不見晚魄，朝不識曙星。至於夜步月而弄琴，晝拱袂而披卷，一生之内，與此長乖。又聲影裁聞，則少婢奔迸；裾袂向席，則老醜叢來。左右整刷，以疑寵見嫌；賓客未冠，以少容致斥。禮則有列媵，象則有貫魚，本無嫚嫡之嫌，豈有輕婦之誚。況今義絶傍私，虔恭正匹，而每事必言無儀適，設辭輒言輕易我。又竊聞諸主集聚，唯論夫族。緩不足爲急者法，急則可爲緩者師，更相扇誘，本其恒意，不可貸借，固實常辭。或言野敗去，或言人笑我，雖家曰私理，有甚王憲，發口所言，恒同科律。王藻雖復彊佷，頗經學涉，戲笑之事，遂爲冤魂。褚曖憂憤，用致夭絶。傷理害義，難以具聞。

夫螽斯之德，實致克昌；專妒之行，有妨繁衍。是以尚主之門，往往絶嗣；駙馬之身，通離釁咎。以臣凡弱，何以克堪。必將毁族淪門，豈伊身眚。前後嬰此，其人雖衆，然皆患彰遐邇，事隔天朝，故吞言咽理，無敢論訴。臣幸屬聖明，矜照由道，弘物以典，處親以公，臣之鄙懷，可得自盡。如臣門分，世荷殊榮，足守前基，便預提拂，清官顯宦，或由才升，一叨婚戚，咸成恩假〔三七〕。是以仰冒非宜，披露丹實。非唯止陳一己，規全身願；寔乃廣申諸門憂患之切。伏願天慈照察，特賜蠲停，使燕雀微羣，得保叢蔚，蠢物含生，自己彌篤。若恩詔難降，披請不申，便當刊膚剪髮，投山竄海。

太宗以此表徧示諸主。於是臨川長公主上表曰：「妾遭隨奇薄，絕於王氏，私庭囂戾，致此分異。今孤疾煢然，假息朝夕，情寄所鍾，唯在一子。契闊荼炭，持兼憐愍，否泰枯榮，繫以爲命。實願申其門釁，還爲母子。推遷僶俛，未及自聞。先朝慈愛，鑑妾丹衷。若賜使息徹歸第定省，仰揆天旨，或有可尋。今事迫誠切，不顧典憲，敢緣恩燾，觸冒披聞。特乞還身王族，守養弱嗣。雖死之日，實甘於生。」許之。

藻弟㦤，昇明末貴達。㦤弟攸，太宰從事中郎。蚤卒，追贈黃門侍郎。弟臻，昇明末顯宦。

前廢帝何皇后諱令婉，廬江灊人也。孝建三年，納爲皇太子妃，大明五年，薨于東宮徽光殿，時年十七。葬□□〔三八〕，謚曰獻妃。上更爲太子置內職二等，曰保林，曰良娣。納南中郎長史泰山羊瞻女爲良娣，宜都太守袁僧惠女爲保林。廢帝即位，追崇獻妃曰獻皇后。太宗踐阼，遷后與廢帝合葬龍山北。

后父瑀，字穉玉，晉尚書左僕射澄曾孫也。祖融，大司農。瑀尚高祖少女豫章康長公主諱欣男。公主先適徐喬，美容色，聰敏有智數，太祖世，禮待特隆。瑀豪競於時，與平昌孟靈休、東海何勗等，並以輿馬驕奢相尚。公主與瑀情愛隆密，何氏外姻疏戚，莫不沾被恩紀。瑀歷位清顯，至衞將軍〔三九〕。大明八年，公主薨，瑀墓開，世祖追贈金紫光禄大夫，加散騎常侍。

子邁，尚太祖第十女新蔡公主諱英媚。邁少以貴戚居顯宦，好犬馬馳逐，多聚才力之士。有墅在江乘縣界，去京師三十里。邁每游履，輒結駟連騎，武士成羣。大明末，爲豫章王子尚撫軍諮議參軍，加寧朔將軍、南濟陰太守。廢帝納公主於後宫，僞言薨殞，殺一婢送出邁第殯葬行喪禮。常疑邁有異圖，邁亦招聚同志，欲因行幸廢立。事覺，廢帝自出討邁誅之。太宗即位，追封建寧縣侯，食邑五百户。子曼倩嗣，齊受禪，國除。

瑀兄子亮，孝建初，爲桂陽太守。丞相南郡王義宣爲逆，遣參軍王師壽斷桂陽道，以防廣州刺史宗慤，亮收斬之〔四〇〕。官至新安内史。亮弟恢，廢帝元徽初，爲廣州刺史，未之鎮，坐國哀朞晦不到，免官。復起爲都官尚書，未拜，卒。恢弟誕，司徒右長史。誕弟衍，最知名。性躁動。太宗初，爲建安王休仁司徒從事中郎，仍除黄門郎。未拜竟，求轉司徒司馬。得司馬，復求太子右率。拜右率一二日，復求侍中。旬日之間，求進無已。不得侍中，以怨詈賜死。

文帝沈婕妤諱容姬，不知何許人也〔四一〕。納於後宮，爲美人。生明帝，拜爲婕妤。元嘉三十年卒，時四十。葬建康之莫府山。世祖即位，追贈湘東國太妃。太宗即位，有司奏曰：「昔豳都追遠，正邑纏哀，緬慕德義，敬奉園陵。先太妃德履端華，徽景明峻，風光宸掖，訓流國閫，鞠聖誕靈，蚤捐鴻祚。臣等遠模漢册，近儀晉典，謹上尊號爲皇太后。」下禮官議謚，謚曰宣太后，陵號曰崇寧。

以太后弟道慶爲給事中。泰始三年卒，追贈通直散騎常侍，賜爵縣侯。又追贈太后父散騎常侍，母王氏成樂鄉君。

明恭王皇后諱貞風，琅邪臨沂人也。元嘉二十五年，拜淮陽王妃。太宗改封，又爲湘東王妃〔四二〕。生晉陵長公主伯姒、建安長公主伯媛。太宗即位，立爲皇后。

上常宫内大集，而贏婦人觀之，以爲懽笑。后以扇障面，獨無所言。帝怒曰：「外舍家寒乞，今共爲笑樂，何獨不視？」后曰：「爲樂之事，其方自多。豈有姑姊妹集聚，而贏婦人形體。以此爲樂，外舍之爲懽適，實與此不同。」帝大怒，遣后令起。后兄揚州刺史景文以此事語從舅陳郡謝緯曰：「后在家爲傳弱婦人，不知今段遂能剛正如此。」

廢帝即位，尊爲皇太后，宫曰弘訓。廢帝失德，太后每加勗譬，始者猶見順從，後狂悖轉甚，漸不悦。元徽五年五月五日，太后賜帝玉柄毛扇，帝嫌其毛柄不華，因此欲加酖害，已令太醫煮藥，左右人止之曰：「若行此事，官便應作孝子，豈復得出入狡獪。」帝曰：「汝語大有理。」乃止。

順帝即位，齊王秉權，宗室劉晃、劉綽、卜伯興等有異志，太后頗與相關。順帝禪位，太后與帝遜于東邸，因遷居丹陽宫，拜汝陰王太妃。順帝殂於丹陽，更立第京邑。建元元年，薨于第，時年四十四。追加號謚，葬以宋后禮。父僧朗，事別見景文傳。

明帝陳貴妃諱妙登，丹陽建康人，屠家女也。世祖常使尉司採訪民間子女有姿色者。太妃家在建康縣界，家貧，有草屋兩三間。上出行，問尉曰：「御道邊那得此草屋，當由家貧。」賜錢三萬，令起瓦屋。尉自送錢與之，家人並不在，唯太妃在家，時年十二三。尉見其容質甚美，即以白世祖，於是迎入宮，在路太后房内。經二三年，再呼，不見幸。太后因言於上，以賜太宗。始有寵，一年許衰歇，以乞李道兒。尋又迎還，生廢帝，故民中皆呼廢帝爲李氏子。廢帝後每自稱李將軍，或自謂李統。

太宗即位，拜貴妃，禮秩同皇太子妃。廢帝踐阼，有司奏曰：「臣聞河龍啓聖，理浹民神；郊雹基皇，慶爍天地。故資敬之道，粹古銘風；洺貴之誼，眇代凝則。伏惟貴妃含和日晷，表淑星樞，徽音峻古，柔光照世，聲華帝掖，軌秀天嬪，景發皇明，祚昌睿命。而備物之章，未焕彝策〔四三〕。遠酌前王，允陟鴻典。臣等參議，謹上尊號曰皇太妃。輿服一如晉孝武帝太后故事。置家令一人。改諸國太妃曰太妃〔四四〕。妃音怡。宫曰弘化。」追贈太妃父金寶散騎常侍，金寶妻王氏永世縣成樂鄉君。昇明初，降爲蒼梧王太妃。

伯父照宗，中書通事舍人。叔佛念，步兵校尉。兄敬元，通直郎，南魯郡太守。佛念大通貨賄，侵亂朝政。昇明初，賜死。

後廢帝江皇后諱簡珪，濟陽考城人，北中郎長史智淵孫女。泰始五年，太宗訪求太子妃，而雅信小數，名家女多不合。后弱小，門無彊廕，以卜筮最吉，故爲太子納之。諷朝士州郡令獻物，多者將直百金。始興太守孫奉伯止獻琴書，其外無餘物。上大怒，封藥賜死，既而原之。太子即帝位，立爲皇后。帝既廢，降爲蒼梧王妃。智淵自有傳。

明帝陳昭華諱法容，丹陽建康人也。太宗晚年，痿疾不能内御，諸弟姬人有懷孕者，輒取以入宫，及生男，皆殺其母，而以與六宫所愛者養之。順帝，桂陽王休範子也，以昭華爲母焉。明帝崩，昭華拜安成王太妃。順帝即位，進爲皇太妃。順帝禪位，去皇太妃之號。

順帝謝皇后諱梵境，陳郡陽夏人，右光禄大夫莊孫女也。昇明二年，立爲皇后。順帝禪位，降爲汝陰王妃。莊自有傳。

史臣曰：飲食男女，人之大欲存焉〔四五〕。故聖人順民情而爲之度，王宫六列，士室二等，皆司事設防，典文曲立。若夫義篤閨闈，化形邦國，古先哲王有以之致治者矣。夫后妃專夕，配以德升；姬嬙並御，進非色幸。欲使情有覃被，愛罔偏流，專貞內表，妖蠱外息。至於降班在四，轡珥成行；同列者三，環珮係響，乃可以燮理陰教，輔佐君德。宋氏藉晉世令典，娉納有章，俔天作儷，必四岳之後。雖正位天闈，禮亢尊極，而衰懨易兆，恩宴難留，一謝屬車之塵，永隔青蒲之地。是故元后憤終，良有以也。自元嘉以降，內職稍繁，椒庭綺觀，千門萬户，而淫糚怪飾，變炫無窮。自漢氏昭陽之輪奐，魏室九華之照曜，曾不能概其萬一。徒以所選止於軍署之內，徵引極乎厮皂之間，非若晉氏採擇濫及冠冕也〔四六〕。且愛止帷房，權無外授，戚屬饋賚，歲時不過肴漿，斯爲美矣。及太祖之傾惑潘嫗，謀及婦人；大明之淪溺殷姬，並后匹嫡〔四七〕，至使多難起於肌膚，并命行於同産，又況進於此者乎。以斯言之，三代、二漢之亡於淫嬖，非不幸也。

校勘記

〔一〕中才人　「中」字原闕，據局本、南史卷一一后妃傳上、初學記卷一〇引臧榮緒晉書、御覽卷一四五引沈約宋書補。

〔二〕又置中才人充衣以爲散位　「置」字原闕，據局本、南史卷一一后妃傳上、通典卷三四職官一

六、御覽卷一四五引沈約宋書補。

〔三〕泰始元年　「元年」，南史卷一一后妃傳上作「二年」。

〔四〕復置脩華脩儀脩容才人良人　「脩華」二字原闕，據局本、南史卷一一后妃傳上補。

〔五〕美人中才人才人三職爲散役　「美人中才人才人」，南史卷一一后妃傳上、初學記卷一〇引宋書作「美人才人良人」。

〔六〕內房參事置一人　「一人」，原作「人人」，據南監本、北監本、汲本、殿本、局本改。

〔七〕比房　此下疑有奪字。

〔八〕孝穆趙皇后諱安宗　「宗」字原闕，據局本、南史卷一一后妃上宋孝穆趙皇后傳、御覽卷二〇二引沈約宋書補。

〔九〕晉哀帝興寧元年四月二日生高祖　按本書卷一武帝紀上，劉裕生於興寧元年三月壬寅，爲月之十七日。

〔一〇〕臣等請上宋王太后號皇太后　原作「臣等參受宋王太后號」，據册府卷一八九訂正。

〔一一〕父儁字宣乂　原作「父字儁宣乂」，據南監本、北監本、汲本、殿本、局本乙正。

〔一二〕義熙四年正月甲午　「甲午」，南史卷一一后妃上武敬臧皇后傳作「甲子」。按義熙四年正月丙申朔，二十九日甲子，無甲午。

〔一三〕妻高密叔孫氏封遷陵永平鄉君　「封遷陵永平鄉君」，原作「封永陵平鄉君」，御覽卷二〇二引沈約宋書作「遷永平鄉君」，今據南史卷一一后妃上武敬臧皇后傳訂正。按本書卷三七州郡志三，郢州武陵太守領遷陵侯相。永平蓋即遷陵縣之鄉名。

〔一四〕少帝司馬皇后諱茂英　「皇后」，原作「皇太妃」，據南史卷一一后妃上少帝司馬皇后傳、御覽卷一四九引沈約宋書改正。

〔一五〕時年四十七　張森楷校勘記：「按少帝死年十九，則妃于時亦當二十左右。後十六七年至元嘉十六年卒，應年三十六七，不應四十七，疑有誤。」孫虨考論卷二：「尋少帝妃薨年蓋三十七也。」

〔一六〕武帝胡婕妤諱道安　「道安」，原作「道女」，據南史卷一一后妃上文章胡太后傳、御覽卷一四二引宋書改。

〔一七〕信宿便得　「宿」，原作「昔」，據南監本、北監本、汲本、殿本、局本改。

〔一八〕上執手流涕問所欲言　「言」字上原衍「不」字，據南史卷一一后妃上文元袁皇后傳、御覽卷一四二引沈約宋書删。孫虨考論卷二：「當是問所欲言，『不』字衍。」

〔一九〕房樂昭理　「昭」，文選卷五八顏延年宋文皇帝元皇后哀策文作「韶」，李善注引禮記：「韶，繼也。」

〔二〇〕戒凉在殔　「殔」，原作「律」，據文選卷五八顏延年宋文皇帝元皇后哀策文改。文選李善注：「儀禮曰：『死三日而殔，三月而葬。』說文曰：『殔，瘞也。』」洪頤煊諸史考異卷四：「此作

『律』，因字形相近而訛。」

〔二一〕八神警引　「警」，原作「誓」，據南監本、局本、文選卷五八顏延年宋文皇帝元皇后哀策文、類聚卷一五引宋顏延之元皇后哀策文改。

〔二二〕沈美人者太宗所幸也　「幸」，南監本作「生」。南史卷一一后妃上文元袁皇后傳云「明帝所生沈美人」。孫虨考論卷二云：「當作『所生』后妃，南史云『明帝所生沈美人』。案即後文帝沈婕妤也。」張森楷校勘記則云：「『太宗』當作『太祖』，沈美人，太宗生母。」

〔二三〕趙蕭臧光禄袁敬公平樂鄉君墓　「平樂鄉君」，原作「平樂郡君」，據南史卷一一后妃上文元袁皇后傳改。按上文云「追贈豫章郡新淦縣平樂鄉君」，則此不當稱平樂郡君。

〔二四〕后父湛自有傳　「湛」，原作「湛之」，據本書卷五二袁湛傳删正。

〔二五〕徽音克嗣　「克」，原作「充」，據册府卷一八九改。

〔二六〕謹奉尊號曰皇太后　「謹」字原闕，據册府卷一八九補。

〔二七〕大明五年太后隨上巡南豫州　按本書卷六孝武帝紀、南史卷二宋本紀中，孝武帝巡南豫州在大明七年二月。

〔二八〕世祖盡心祗事　孫虨考論卷二：「案文義，當云『太宗盡心祗事』，『世祖』誤。」

〔二九〕祔葬景寧陵　「景寧陵」，原作「景靈陵」，據殿本、局本、南史卷一一后妃上孝武文穆王皇后傳改。按本書卷七前廢帝紀，大明元年九月「乙卯，文穆皇后祔葬景寧陵」。

〔二〇〕尚書嘏之子也　「書」字原闕。孫虨考論卷二云：「當作『尚書嘏之子』。」孫説是，今據補。按晉書卷六五王導傳附王悦傳云：「子嘏嗣，尚鄱陽公主，歷中領軍、尚書。」

〔二一〕母晉孝武帝女鄱陽公主　按御覽卷一五二引宋書：「王偃，字子游。母晉孝武帝女弟鄱陽公主，宋受禪，封永成君。」疑「女」下脱「弟」字。

〔二二〕孝建二年卒　本書卷六孝武帝紀云孝建三年「二月癸亥，右光禄大夫王偃卒」。本書卷一五禮志二亦云：「孝武孝建三年三月，有司奏：『故散騎常侍、右光禄大夫、開府儀同三司義陽王師王偃喪逝。至尊爲服緦三月。』」

〔二三〕當以臨汝公主降嬪　「臨汝公主」，原作「臨海公主」，據南齊書卷四三江斅傳改。洪頤煊諸史考異卷四：「案何尚之傳，顒之尚太祖第四女臨海惠公主，封號不應同名。南齊書江斅傳，尚孝武女臨汝公主，拜駙馬都尉。『臨海』當是『臨汝』之訛。」

〔二四〕媒訪莫尋　「媒」，原作「謀」，據南史卷二三王誕傳附王藻傳改。

〔二五〕謝莊殆自同於矇瞍　「矇瞍」，原作「矇室」，南史卷二三王誕傳附王藻傳作「矇叟」，今據類聚卷一六引宋江斅當尚世祖女表讓婚改。按錢大昕考異卷三六：「按謝莊傳，無尚主事。疑謝、殷二人，一以目疾辭，一以足疾辭，遂停尚主也。」

〔二六〕彼數人者　「彼」字原闕，據南史卷二三王誕傳附王藻傳補。

〔二七〕咸成恩假　「成」，原作「有」，據類聚卷一六引宋江斅當尚世祖女表讓婚、南史卷二三王誕傳附王藻傳、初學記卷一〇引宋虞通之爲江斆讓尚公主表、御覽卷一五三引沈約宋書改。

〔三八〕葬□□　按本書卷一五禮志二：「宋孝武大明五年閏月，皇太子妃薨。樟木爲櫬，號曰樟宮。載以龍輴。造陵於龍山，置大匠卿斷草，司空告后土。」是龍山爲何后始葬之地。疑所缺即「龍山」二字。六朝事迹編類卷下云：「雞籠山，宋文帝元嘉中改爲龍山。」

〔三九〕至衛將軍　「衛將軍」，南史卷一一后妃上前廢帝何皇后傳附何瑀傳作「右衛將軍」。

〔四〇〕亮收斬之　原作「收亮斬之」，孫虨考論卷二：「案文義當爲『亮收斬之』。」按孫說是，今據改。

〔四一〕文帝沈婕妤諱容姬不知何許人也　「姬不知何許」，原作四字空格，汲本小字注「缺四字」，南監本、北監本、汲本、殿本、局本作「不知何許」四字，今據南史卷一一后妃上明宣沈太后傳補正。按御覽卷一四二引沈約宋書：「文帝沈婕妤諱容姬。」

〔四二〕太宗改封又爲湘東王妃　「又爲」二字原闕，據南史卷一一后妃上孝武文穆王皇后傳補。按太宗即明帝，初封淮陽王，元嘉二十九年，改封湘東王，故其妃亦改稱湘東王妃。

〔四三〕未煥彝策　「煥」，原作「換」，據南監本、殿本、局本、册府卷一八九改。

〔四四〕改諸國太妃曰太妃　後一「太妃」，南史卷一一后妃上後廢帝陳太妃傳作「太姬」，通典卷三四職官一六作「大妃」，御覽卷一四二引沈約宋書作「大姬」。孫虨考論卷二：「南史云改曰太姬。『姬』字是。」

〔四五〕飲食男女人之大欲存焉　「人」，原作「民」，據禮記禮運改。

〔四六〕非若晉氏採擇濫及冠冕也　「若」字原闕，據南史卷一二后妃傳下補。

〔四七〕並后匹嫡　「匹」，原作「正」，據南監本、北監本、汲本、殿本、局本、南史卷一二后妃傳下改。